产品战略规划丛书 Ⅲ

产品经理资质培养指导教材

商业模式与数字营销

BUSINESS MODEL AND DIGITAL MARKETING

张甲华 著

金盾出版社

JINDUN PUBLISHING HOUSE

图书在版编目（CIP）数据

商业模式与数字营销 / 张甲华著. -- 北京：金盾
出版社，2025．7．--（产品战略规划丛书）. -- ISBN
978-7-5186-1869-9

Ⅰ．F272；F713.365.2

中国国家版本馆 CIP 数据核字第 20251GH280 号

商业模式与数字营销

（产品战略规划丛书）

张甲华　著

出版发行：金盾出版社	开　本：787mm×1092mm　1/16		
地　　址：北京市丰台区晓月中路 29 号	印　张：15.5		
邮政编码：100165	字　数：240 千字		
电　　话：（010）68276683	版　次：2025 年 7 月第 1 版		
（010）68214039	印　次：2025 年 7 月第 1 次印刷		
印刷装订：北京印刷集团有限责任公司	定　价：65.00 元		
经　　销：新华书店			

总　序

中国改革开放的 40 多年，是经济大发展的 40 多年，也是中国企业不断探索，学习国外先进产品和管理理念的 40 多年。走到现在，国外先进产品、技术几乎已经学得差不多了，随着中国的消费升级，那些只模仿而不进行产品创新的企业，找不到自己的发展方向，只能加入无休止的"内卷"。

管理只能提高效率，不能解决企业的生死，只有产品才决定企业生死。虽然中国学习国外的企业管理理论已有几十年，各大学的经济管理学院招生都比较火爆，开设 MBA（工商管理硕士）的大学越来越多，中国企业的管理水平也大大提升，但是在当前的产业转型升级和供给侧结构性改革中，很多职业经理人或企业老板仍感觉无能为力，甚至无从下手。

当前中国企业应该由管理时代向经营时代转变。企业家们应该有新一轮的思考：企业经营的本质是什么？应该是经营产品。企业经营从内容上可以分为对"人"的经营和对"产品"的经营，但企业家们长期对产品经营重视度不够。在学术层面产品经营也长期被弱化，研究普通员工的管理和客户营销的相关学术理论很多，特别是如何提升企业中高层的领导力和管理能力，而专门研究产品战略规划的相关理论和书籍则少得可怜。

如何解决企业当前产品竞争力不强、"内卷"严重的经营困惑呢？

笔者认为企业应该重视消费升级趋势和产业转型升级规律研究，基于新商业逻辑和产品价值体系，做好系统化的产品战略规划，实现产品的"好卖"并"卖好"，持续增强企业的生命力。

如何做好产品战略规划呢？

基于自身 15 年创业和 18 年管理咨询的经历，笔者反复思考企业如何进行产品战略规划，确保产品"好卖"并"卖好"，专注 6 年撰写了这套产品战略规划丛书：《需求洞察与产品定位》《极致产品打造与开发》《商业模式与数字营销》《产品价格战略》《品牌战略规划》《产品协同战略》《产业转型升级与产品开发战略》。

产品战略规划的本质是实现产品的"好卖"和"卖好"，主要包括以下内容。

"好卖"的产品应该同时具有产业前瞻性、良好的市场性、明确的价值定位和独特的产品精神。

（1）产业前瞻性是指企业应该遵循产业的发展规律和转型升级路径，规划设计企业的转型升级战略，并制定相应的产品开发战略，也就是企业的产品战略规划应该符合产业分化的发展规律。产品首先具有产业发展的前瞻性，才能为企业指明技术研究方向，才能引领消费者。其相应内容在产品战略规划丛书的《产业转型升级与产品开发战略》中阐述。

（2）良好的市场性是指产品首先解决的是市场上的真需求，其次是要有巨大的市场规模潜力、精确的产品定位和目标市场定位。其相应内容在产品战略规划丛书的《需求洞察与产品定位》中阐述。

（3）明确的价值定位是指产品设计基于新商业逻辑和产品价值模型理论，有明确的、独特的价值功能诉求和定位，具有良好的产品体验。其相应内容在产品战略规划丛书的《极致产品打造与开发》中阐述。

（4）独特的产品精神是指产品应该具有文化元素的灵魂，具有独特的产品精神和产品基因，指引产品不断迭代升级和传承。其相应内容在产品战略规划丛书的《极致产品打造与开发》中阐述。

产品要实现"卖好"应该做好产品的协同战略、价格战略、品牌战略和数字营销，使企业产品从各自为战走向集团军协同作战。

（1）协同战略是指构建产品之间科学、多功能的产品组合，规划好产品间的协同战略，制定好竞争产品的区隔策略，使企业各产品之间形成一个相互协同的有机系统，提升产品竞争力，实现产品"好卖"和"卖好"。其相应内容在产品战略规划丛书的《产品协同战略》中阐述。

（2）科学的价格战略是指根据产品协同战略利用消费心理效应采取多样化的价格管理技巧和策略，科学利用价格战，提高产品的吸引力。制定产品价格战略是一个系统性工程，定价不是价格管理的结束，而是价格管理的开始。其相应内容在产品战略规划丛书的《产品价格战略》中阐述。

（3）良好的品牌战略为产品注入燃烧的激情，赋予内在精神，点燃人们的内心。企业应紧扣时代脉搏，以全新视角规划品牌战略，系统构建企业的品牌战略框架，并做好品牌打造、品牌传播、品牌体验和品牌升级，打造一个具有强大影响力和竞争力的品牌。其相应内容在产品战略规划丛书的《品牌战略规划》中阐述。

（4）数字化销售预警体系是指为了保证产品战略规划策略落地并实现预期目标，既要采用 $APPEALS 模型和 FFAB 模型深刻挖掘产品卖点，也要像火箭飞行过程中的预警和时刻调整一样，采用大数据、数字化等新技术科学预测、设计、监控并调整产品的成长轨迹，保证产品良性成长和战略目标实现。其相应内容在产品战略规划丛书的《商业模式与数字营销》中阐述。

本套产品战略规划丛书旨在阐明：要想解决企业长久的健康发展问题，出路在于重视产品经营并做好产品战略规划；从产业分化规律和洞察真实需求出发，结合产品价值理论和产品定位打造极致产品，科学规划产品协同战略，做好价格战略和品牌战略，利用数字化新技术时刻监控并及时优化营销策略，实现产品"好卖"并"卖好"，确保企业可持续、高质量发展。本套产品战略规划丛书是产品经理职业技能的核心内容，可作为产品经理资质培养指导教材。

2024 年 9 月，笔者参与起草了《产品经理资质等级与认定团体标准》（已于 2025 年 1 月发布），已授权作为本丛书的附录，详细内容参见《产业转型升级与产品开发战略》附录。

张甲华

2024 年 11 月

前　言

产品销售是企业实现产品价值的关键环节，在企业管理中发挥着重要作用。通过有效的销售策略和管理，企业可以实现利润最大化并提升市场竞争力。

商业模式能够有效促进产品的销售。一套有效的商业模式能够帮助企业更好地开拓市场。通过确定目标受众、产品定位和市场推广策略等关键要素，企业可以准确把握市场需求，提供符合消费者期望的产品和服务，建立并扩大品牌影响力。

本书重点解决企业的发展模式和营销问题，分为商业模式、产品销售和产品经营预警三篇。

第一篇是商业模式。商业模式是一个企业得以运转的底层逻辑和商业基础，一个成功的商业模式能够整合各种资源，构建高效的运营体系，确保企业在激烈的市场竞争中保持活力。商业模式的核心价值在于能够为企业创造、传递和获取价值，从而实现持续盈利和竞争优势。商业模式通过定义企业如何创造价值、传递价值和获取价值，帮助企业在市场中脱颖而出。

第二篇是产品销售。本篇构建了客户需求 $APPEALS 模型，并论述了如何应用该模型分析每个竞争对手的优势、劣势，制定有针对性的竞争策略。另外，还创新构建了深刻挖掘产品卖点的 FFAB 模型，用以梳理并选择最有说服力的产品卖点。同时，指导制作销售常见问题、销售成功案例、产品销售指导书、产品商业模式设计、销售"一纸禅"、产品交流 PPT（幻灯片）、产品宣传视频 7 种销售素材，直接提升产品销售力，实现产品"卖好"。产品要卖得好，需要向销售一线的前沿阵地输送急需的"炮弹"，武器精良才能战无不胜。

第三篇是产品经营预警。为了保证产品战略规划策略落地并实现预期目标，在产品战略的执行过程中需要设立经营预警体系。产品经营预警在营销过程中能够时刻监控、分析、预测并预知目标完成度，及时发现产品偏离状态，挖掘原因并调整策略，保证产品的良好成长和目标实现。产品经营预警能够归纳并利用产品的运营规律设计产品发展路径，及时监控纠偏，保证产品始终按照预定的"轨道"成长。本书系统阐述了产品经营预警的具体做法流程，首先论述了产品销售有哪些规律可循，如何使用时间序列、因果关系和业务逻辑关系方法预测产品销售轨迹，如何构建产品经营预警体系；然后论述了如何通过一系列的产品经营预警监控，及时分析预警问题并制定可行的纠偏方案，最大限度地挖掘市场潜力，保证企业全年产品销售目标的实现。

张甲华

2024 年 11 月

目　录

第二篇 产品销售

第三篇 产品经营预警

第一篇
商业模式

商业模式是企业创造价值和实现价值的系统，是企业成功的关键因素之一。

第1章

商业模式框架

1.1 商业模式结构

1.1.1 商业模式定义

商业模式是由多个要素组成的整体，各组成要素之间存在联系，互相支持，形成良性循环。

商业模式是一个演变的过程：从每个价值链、供应链中的每个环节，解决客户存在的困惑。商业模式包含"为谁""做什么""如何做"和"如何盈利"4方面要素。

（1）"为谁"，对象是企业确定的目标客户群及其真正的需求。

（2）"做什么"，指经营宗旨，即对顾客的价值主张提供的产品或服务。

（3）"如何做"，指应创造并传递价值给顾客，包括核心竞争力、战略资产、采购、生产、营销渠道与策略等核心流程，完善相应的组织结构，以及与供应商、分销商及其他利益相关者加强联系。

（4）"如何盈利"，指的是企业收入模式（包括收入介质、交易方式和计费方法）、财务绩效、给顾客提供的价值及给合作伙伴等利益相关者的回报。

此外，商业模式设计、创新的关注点主要包括客户需求的变化、客户或行业的困惑、关键技术的变化、价值链或供应链的优化、销售渠道变化的趋势等。

从企业经营维度，商业模式主要包含用户价值、盈利模式、竞争优势、持续发展性4大板块。

1. 用户价值

用户价值需要回答几个问题：你的用户是谁？有何种优势满足用户的何种需求？你能提供什么价值？用户价值是商业模式的前提和本源。只有围绕用户价值，才有商业化的可能性。

用户是商业模式的着力点，如果一开始用户群及他们的真正需求都没搞清楚的话，那么越努力可能越尴尬。

2. 盈利模式

价值是双向的，企业在为用户提供价值的同时，也能让自己获取价值，这才是良性的商业闭环。

盈利模式主要包含以下 4 大要素。

（1）收入。形成规模经济，掌握谈判话语权。

（2）成本。拆解成本结构，占据核心优势。

（3）毛利。分析行业毛利，验证商业模式。

（4）净利。管理期间费用，形成良好现金流。

好的商业模式本身就跟盈利相关，无法在预期内有良好盈利，说明它不是好的商业模式。

3. 竞争优势

绝对优势可遇不可求，相对优势才是商业常态。竞争的存在，在于用户可选择，因此企业需要有独家的关键资源以支撑差异化。

关键资源能让商业模式有效运转，同时又能在竞争市场中实现差异化。当然，关键资源并非一成不变，会根据消费者需求及市场格局的变化进行迭代。

4. 持续发展性

好的商业模式能使企业持续赚钱，不断穿越周期，成为长青企业。

持续发展性主要包含两点：一是需求的稳定性，这个需求是真需求，不是伪需求，是长期存在的；二是模式的长期性，即这个模式能被顶层环境容纳，需求不会因消费文化更迭而变得疲软。

1.1.2　商业模式的分析模型

商业模式的分析模型是为实现客户价值最大化，把能使企业运行的内外各要素整合起来，形成一个完整的高效率的具有独特核心竞争力的运行系统，也是通过最优实现形式满足客户需求、实现客户价值，使系统达成持续盈利目标的整体解决方案。

商业模式的分析模型把商业模式分为目标客户、客户关系、分销渠道、盈利模式、价值主张、成本结构、资源配置、合作伙伴和核心竞争力9个模块，如图1-1所示。

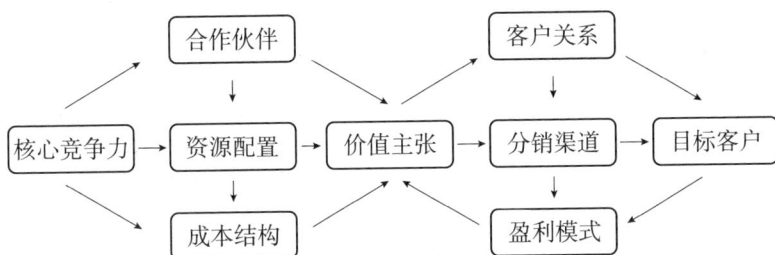

图1-1　商业模式的分析模型

（1）价值主张：公司通过其产品和服务向消费者（用户）提供的价值，能确认公司对消费者的实用意义。

（2）目标客户：公司瞄准的消费者群体，这些群体具有某些共性，从而使公司能够针对这些共性创造价值，定义消费者群体的过程也被称为市场细分。

（3）分销渠道：公司用来接触消费者的各种途径阐述了公司如何开拓市场，涉及公司的市场和营销策略。

（4）客户关系：公司同消费者群体之间所建立的联系，通常所说的客户关系管理与此相关。

（5）资源配置：资源和活动的配置。

（6）核心竞争力：公司执行其商业模式所需的能力和资格。

（7）合作伙伴：公司同其他公司之间为有效地提供价值并实现商业化而形成的合作关系网络，描述了公司的商业联盟范围。

（8）成本结构：所使用工具和方法的货币描述。

（9）盈利模式：公司通过各种收入流创造财富的途径。

1.1.3　商业模式驱动要素

按照商业模式的驱动要素进行归类，可分为客户驱动、资源驱动、产品驱动3种成长模式。

1. 客户驱动的商业模式

在切入某块市场区域时，以锁定市场中的核心用户，满足用户的核心需求为切入点，快速获取用户，占领渠道市场，并且以核心服务为中心，向周边的其他基础服务需求延伸，打造完整的商业模式，如图1-2所示。

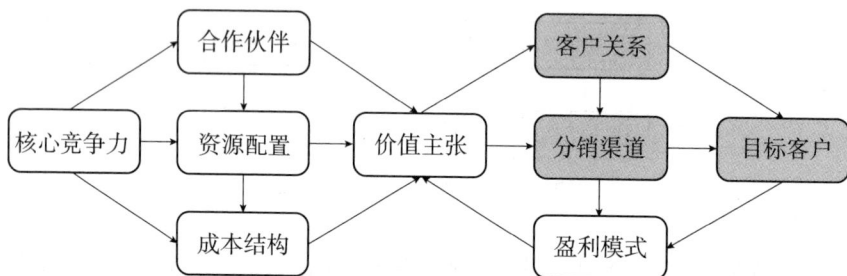

图 1-2　客户驱动

一些公司没有核心产品、核心技术，要么提供一些没有技术门槛的产品和服务，要么代理其他公司的产品和服务。这样的公司更依赖于建设有力的营销体系维持客户关系、构建商业模式。比如常见的提供网站建设的公司，提供项目外包开发、设计服务的软件公司、设计公司，还有一些专门为客户提供广告推广、代理运营的公司。这些公司的特点是大多以接客户项目单生存。

不同类型的用户面对同一种服务会具有不同强度的服务需求。需求程度越强烈，就越容易接受服务，对服务的黏性越强。但往往在实际的市场开发过程中，商业模式的设计者很难发现不同需求程度的用户。

2. 资源驱动的商业模式

一些公司占有得天独厚的资源，利用资源优势研发产品、提供服务，甚至获得项目订单，以资源为基础构建商业模式。一些有特定资质（牌照）的企业拥有业务资源优势，比如电信运营商、出租车公司；一些基于高校的企业拥有技术资源，比如科大讯飞、清华紫光；一些有行业积累的企业拥有内容资源；一些有政府关系或大企业关系的公司能够承接到大型项目；一些有业界口碑的企业（或高管）能够获得更多的合作资源。如图1-3所示。

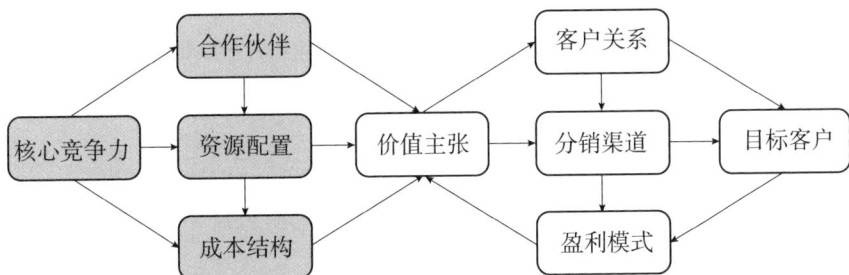

图1-3 资源驱动

3.产品驱动的商业模式

一些公司以研发解决行业（企业）、用户核心需求的产品、服务、解决方案为核心目标，利用产品的低成本可复制性构建商业模式。产品主要分为实体产品和虚拟产品两类。实体产品主要是需要生产制造的产品，比如玩具、书籍、消费品等。虚拟产品主要是以人的体力和智力转换成的产品和功能，比如电子游戏、培训课程、手机话费等。另外还有平台类产品，用于整合多方用户需求，为多方带来价值，比如商店、电影院、淘宝、滴滴出行等。如图1-4所示。

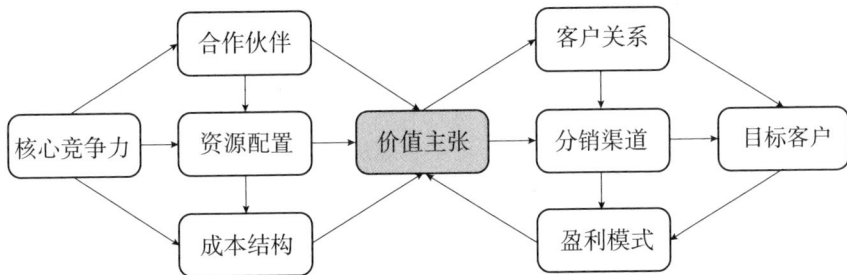

图1-4 产品驱动

通过以上分析可以看到，不同的企业通过不同商业要素驱动构建的商业模式，都有着不同的特点。但是无论是资源驱动、客户驱动还是产品驱动，所有的商业要素都是不可或缺的，尤其是"钱"这个核心要素。一个成熟的企业必须要考虑成本、收入等跟钱有关的问题。

在高层管理人员的眼中，所谓的"业务"是指商业模式。通过向商业模式投入资金并运作它，公司可以产生收入和利润。这与现实中组装机器的过程类似，组装好机器后，只需输入原材料，就可以在另一端的流水线上获得加工好的成品。

1.1.4　商业模式作用、原则及痛点

1. 商业模式作用

（1）对市场 / 品牌策略的指引。

俗话说"火车跑得快，全靠车头带"，市场 / 品牌策略层由商业模式决定，策略跟着生意走，才能做到有的放矢。

首先，用户价值层能够指引沟通，即对谁说、说什么。

其次，盈利模式决定了重点说什么，避免说什么，以及如何做到资源的有效分配。

再次，竞争优势决定了主打什么、避免什么，从而在竞争中取得长期优势。

最后，持续性决定了长期坚持什么才能构建自己的"护城河"。

（2）抓住行业 / 企业分析的根。

对商业模式的分析，可以更本质地了解这个行业的生意经营逻辑。

不少朋友在做行业分析的时候，会被各种信息分了神，真的可以用"剪不断，理还乱"来形容。这时就建议用商业模式 4 大要素的思考逻辑，利用这一条主线，把其他的支线分门别类，去繁就简。

（3）创业时的本质思考。

分析商业模式，有利于完善自己的思考模式，因为这是从本质出发的逻辑。抽象的天敌是思考，敢于推翻自己，才能接近真相。大道至简，不断对问题进行追问，才有可能真正触碰到商业的本质。

创业者思考的商业模式应是从复杂到简单，然后再到体系。

商业模式一定要足够简单，如果太复杂了，说明这个模式本身就有问题。

创业者最开始的时候，脑子里一定有很多信息，这些信息是分散的、不相关的、重合的、无序的。这时候就需要不断进行追问：能不能提供超出用户预期的价值？价格和成本是如何构成的？如何在竞争环境中生存，这种模式具有持续性吗？

2. 商业模式原则

商业模式的核心原则是商业模式的内涵、特性，是对商业模式定义的延伸和丰富，是成功的商业模式必须具备的属性。

（1）客户价值最大化原则。

一个商业模式能否持续盈利，与该模式能否使客户价值最大化有必然关系。一个不能满足客户价值的商业模式，即使盈利也一定是暂时的、偶然的，是不具有持续性的。反之，一个能使客户价值最大化的商业模式，即使暂时不盈利，终究也会走向盈利。所以我们应把对客户价值的实现再实现、满足再满足当作企业始终追求的主观目标。

（2）持续盈利原则。

企业能否持续盈利是我们判断其商业模式是否成功的唯一的外在标准。因此，在设计商业模式时，盈利和如何盈利也就自然成为重要的原则。持续盈利是指既要盈利，又要有发展后劲，具有可持续性，而不是一时的偶然。

（3）资源整合原则。

整合就是要优化资源配置，就是要有进有退、有取有舍，就是要获得整体的最优。

在战略思维的层面上，资源整合是系统论的思维方式，是通过组织协调，把企业内部彼此相关但分离的职能，企业外部既承担共同的使命又拥有独立经济利益的合作伙伴，整合成一个为客户服务的系统，取得"1＋1＞2"的效果。

在战术选择的层面上，资源整合是优化配置的决策，根据企业的发展战略和市场需求对有关的资源进行重新配置，以凸显企业的核心竞争力，并寻求资源配置与客户需求的最佳结合点，目的是通过制度安排和管理运作协调来增强企业的竞争优势，提高客户服务水平。

（4）创新原则。

成功的商业模式不一定是在技术上的突破，可以是对某一个环节的改造，或是对原有模式的重组、创新，甚至是对整个游戏规则的颠覆。商业模式的创新形式贯穿于企业经营的整个过程之中，贯穿于企业资源开发研发模式、制造方式、营销体系、市场流通等各个环节，也就是说，在企业经营的每一个环节上的创新都可能变成一种成功的商业模式。

（5）融资有效性原则。

融资模式的打造对企业的有着特殊的意义，尤其是对中国广大的中小企业来说更是如此。我们知道，企业生存需要资金，企业发展需要资金，企业快速成长更是需要资金。资金已经成为所有企业发展中绕不过去的障碍和很难突破的瓶颈。谁能解决资金问题，谁就赢得了企业发展的先机，也就掌握了市场的主动权。

从一些已成功企业的发展过程来看，无论其表面上对外阐述的成功理由是什么，都不能回避和掩盖资本对其成功的重要作用，许多失败的企业就是因为没有建立有效的融资模式。例如，巨人集团因为近千万元的资金缺口而轰然倒下；曾经与国美不相上下的国通电器，拥有过 30 多亿元的销售额，也仅因为几百万元的资金缺口而销声匿迹。商业模式的设计很重要的一环就是考虑融资模式。可以说，能够融到资并能用对地方的商业模式就已经成功了一半。

（6）组织管理高效率原则。

高效率是每个企业管理者都梦寐以求的境界，也是企业管理模式追求的最高目标。从经济学角度衡量，决定企业盈利能力的是效率。

按现代管理学理论来看，一个企业要想高效率地运行，首先要解决的是企业的愿景、使命和核心价值观，这是企业生存、成长的动力，也是员工干好工作的理由。其次是要有一套科学的、实用的运营和管理系统，解决系统协同、计划、组织和约束问题。最后还要有科学的奖励激励方案，解决如何让员工分享企业的成长果实的问题，也就是向心力的问题。这样，企业的管理才能实现高效率。

（7）风险控制原则。

设计再好的商业模式，如果抵御风险的能力很差，也会像在沙丘上建立的大厦一样，经不起任何风雨。这个风险既指系统外的风险，如政策、法律和行业风险，也指系统内的风险，如产品变化、人员变更、资金短缺等。

3.商业模式的3大痛点

（1）没有用户需求。

没有用户需求是指需求是伪需求，即企业自己认为有需求，但用户并不愿意为此而买单。

（2）没有经营利润。

用户有需求，但是付费意愿度不高，导致整个商业模式是亏钱的，这叫没有经营利润。

（3）没有比较优势。

有用户需求，也有经营利润，但是竞争不过对手，所以企业最终还是要垮掉，这叫没有比较优势。

案例分享

1. 闪送的缘起

闪送创始团队认为跑腿市场上似乎还有未被满足的需求。什么需求没有被满足？效率优先。

传统的同城快递是次日达，属于成本控制型，而闪送能够在1小时内送到，更多专注于提升效率，用户也愿意为此多付费，属于品质敏感型。

以上只是假设，此外，有没有真实的用户需求，还要看商业模式3个痛点关能不能过。

2. 商业机会的底层逻辑

商业机会的底层逻辑可归结为需求导向与竞争导向两大维度。这两种导向并非对立，而是互为补充，共同构成商业机会的发现和评估框架。

（1）需求导向：从未被满足的需求中寻找机会。

需求导向的核心是发现并解决用户的真实痛点，通过创造价值获得商业回报。其本质是"填补空白"，即找到未被满足的需求，或现有解决方案的低效环节。

需求来源有以下 4 个维度。

①技术变革：新技术催生新需求，如 AI 大模型重塑内容生产。

②政策与法规变化：政策开放或限制创造新市场，如碳中和政策催生新能源、碳交易。

③消费升级／降级：社会结构变化带来需求迁移，如老龄化催生银发经济。

④效率痛点：现有产业链中存在低效环节，如生鲜供应链损耗高。

（2）竞争导向：从市场缝隙中挖掘机会。

竞争导向的核心是差异化生存，通过避开直接竞争或重构价值链，在现有市场中找到"非对称优势"，其本质是"重新定义战场"。

竞争破局有以下 3 个方向。

①差异化定位：避开巨头主战场，聚焦细分人群或场景。例如拼多多早期避开一线城市，通过"低价 + 社交裂变"主攻下沉市场。

②效率重构：用新模式或技术大幅降低原有成本或提升体验。例如美国的好处多超市通过"会员制 + 低库存量单位 + 仓储式"将零售毛利率压至 10%，而传统超市为 25%。

③生态位抢占：依附于巨头生态，填补其未覆盖的环节。例如，加拿大某电商平台帮助中小商家建立独立站，成为亚马逊生态的补充而非对手。

总之，商业机会的需求是原点，没有真实需求支撑的商业机会如同空中楼阁。竞争是放大器，即使需求存在，若无法在竞争中建立优势，机会也会被他人收割。

闪送的商业机会的底层逻辑来自两个方面。

一是需求导向型，有增量市场。在次日送达之外，大家对 1 小时送达是有需求的，关键在于能不能把这些需求找出来，同时让用户愿意付费。

二是成本领先型，采用众包模式。既然有这么好的市场，为什么传统的同城快递不愿意接这样的单子？因为负担不了运营成本。

3. 闪送的精益创业

多数创业者的思路大多都是，有了想法抓紧把产品做出来，做完之后再到市场去卖，然后找客户去用，来看真实的产品反馈。然而，这不太符合精益创业。

精益创业首先做什么？首先找产品市场匹配，再做最小可行性产品。

什么是产品市场匹配？在产品还没做出来之前，要进行产品市场需求的匹配，看看市场是不是真的有需求。

什么是最小可行性产品？需求经过验证过之后，再想办法做一个最小版的、粗糙的、能够满足客户最基本需求的产品拿到市场上再去检验。

无论产品多么粗糙，只要快速迭代，就能提升客户满意度。

闪送怎么做产品市场匹配呢？

按道理说，应该做一个成熟的产品出来。闪送没有按常规来，直接做了一个电脑端的页面，然后就到网上去招揽客户了。客户打来电话，提出需求，他们就发短信给几个闪送员，谁愿意去送就接单，然后想办法按时送到。整个过程其实是手工进行操控的，不是软件操控。实际上，产品市场匹配意味着完全没有一个成熟的产品，拿手工在模拟真实的产品，但是它验证了是不是真有需求。

刚刚上线第1天就接了一单，真有人下单了。闪送专门去访谈，问那位客户为什么要下单，为什么要买1小时送达。那位客户的回答非常有意思：我买的是燃眉之急。

"我们今天准备跟另外一个客户签协议，那个客户希望我们今天送个样品过去，如果这个样品送不到，会影响到我们签协议。你们今天帮助我们同城速递过去，真是解了我们的燃眉之急。"

这次调研过之后，闪送就会有了切身体会：原来这个需求是真实存在的。因为帮助客户解决了燃眉之急，节省了更大的成本，创造了更大的利益，所以客户才愿意付费。

闪送的最小可行性产品是怎么做的？

最小可行性产品有两个。

第一，本来是手工接电话，必然要变成用软件来处理客户需求。

第二，要真正把东西在一个小时内送到，那才是最关键的部分。

闪送把整个北京五环分成了九宫格。整个五环东西向大概是25千米，南北向是26千米，大概是25千米×26千米范围。分成九宫格，每一个小格子都小于9千米×9千米。理论上讲，有客户打电话来下单，只要九宫格的每个小格子里面都有一个闪送员在等待指令，那闪送就可以进行交付了。也就是说，只要有一个人在九宫格里面，任何一个点打电话来，闪送员与客户之间的直线距离应该都小于10千米。不同单子时间长短不同，客户预期值也不同。有的会超过一个小时，有的会低于半个小时，平均下来送达时间，大概是45分钟。

4. 闪送解决销售的3大痛点

（1）闪送的客户是谁？

对同城快递有需求，但是对次日送达不满意的，这就是闪送的客户。他们是需求导向型的，对品质比较敏感，支付意愿度比较高。

（2）客户为什么买？

大部分公司"死"在这里，产品功能很多，但是它不能言简意赅地告诉消费者带来了哪些客户利益。

闪送的客户利益就很简单粗暴：1分钟下单，10分钟取件，45分钟送达。这3个数字就是闪送的3大可视化的客户利益，非常清晰，客户很容易决策。

（3）客户买的是什么？

客户买的是快和安全。一小时送到，同时货不会丢。

除了这两大直接消费理由之外，肯定有其他的需求，只不过在早期的时候闪送顾不上其他的，要先把快和安全这两点给打透。

5. 闪送客户的规模化渗透

闪送创始团队认为增长分为以下几种：

（1）外延式自然增长；

（2）付费增长，如广告、买流量或者补贴；

（3）口碑增长；

（4）复购，即老客户的重复购买。

很明显闪送早期是没有打广告的，他们主要靠的是口碑增长。

口碑增长最基础的逻辑结构是什么？

除了发件人之外，收件人也关心多长时间送到、安不安全。如果是一个单位，这里面还影响到好几个人，所以实际上每一单都可能有4～5个利益相关人。客户认为可能一个小时送到，结果45分钟就送到了，自然就有了口碑。只要产品质量好，服务质量好，实际上口碑是可以穿透4～5个人的。

用户体验好，复购的需求就来了。因为闪送成本比一般的快递要贵，所以一开始需要解燃眉之急时才想到它。随后客户的需求开始扩展，除了解燃眉之急，客户可能还需要传情达意，如想送一个生日蛋糕给女朋友。

6. 闪送的商业模式

商业模式对小公司来说重要性没有那么高。只要抓住其中的几个关键成功要素就可以了，也就是商业模式的3大痛点：用户需求是不是真的？能不能赚钱？能不能打得过对手？

闪送从一开始做产品市场匹配到最小可行性产品，实现规模化增长，接着是增长管理，虽然公司很小，但是章法还是非常清晰的，这些都是值得创业者们去学习和借鉴的。

闪送开创了同城速递的新品类，显然同城速递比同城快递领先，客单价也拉升3倍左右。

1.1.5　常见的商业模式

1.互联网商业模式：免费

互联网商业模式的核心思想是为用户提供免费的基本服务，然后通过其他渠道获取收益。最典型的例子是 Google（谷歌），他们提供了免费的搜索引擎服务，吸引了大量的用户，然后通过广告和关键词的竞价排名来获取广告收入，从而实现盈利。

2.直销商业模式：裂变

贵州白酒 A 公司通过直销众筹实现了快速裂变成长。商业模式为投资者支付 100 万元即可成为 49 名股东之一，同时要求每个股东必须创建一个子舵，子舵必须开设一个大厅，每个大厅需要 100 人，每人 3 万元，共计 300 万元资金。其中 200 万元用于启动终端店，100 万元作为收购价格。

这样一来，股东一进公司，产品就可以卖出去了，这种直销商业模式机制确保了产品一进入市场就能迅速销售，实现了资金的快速回笼和公司的快速扩张，2024 年的销售额达到 28 亿元，公司估值达到 150 亿元。

3.连锁商业模式：复制投资回报率

连锁商业模式通过复制成功的经验和品牌形象，在不同的地理位置开设多个门店，以扩大市场份额，麦当劳就是一个成功的例子。麦当劳通过与加盟商合作的方式，快速开设了大量的连锁餐厅，他们通过统一的品牌形象、高效的供应链和标准化的运营流程，获得了规模效应和投资回报。

4.金融商业模式：杠杆

金融商业模式利用金融工具和资本市场，通过杠杆效应来提高盈利能力。一个典型的例子就是美国私募股权公司 KKR，其通过投资、兼并收购和重组等方式，实现对企业的控制并改善其价值；利用杠杆融资和资本市场的熟悉度，成功地提高了盈利能力并创造了巨大的回报。

5.资本商业模式：放大

资本商业模式通过大规模投资扩大市场份额和影响力，一个成功的案例就是特斯拉公司。特斯拉公司在电动汽车市场树立了行业标杆，通过大量的研发投资和生产能力的扩展，迅速扩大了市场份额；通过在电动汽车技术上的独特优势和持续创新，成功地利用资本来扩大其市场影响力。

6. 产业商业模式：垄断

产业商业模式通过控制整个产业链中的重要环节来实现市场垄断，从而获得垄断利润。一个令人瞩目的例子是谷歌，谷歌通过其搜索引擎的市场垄断地位和对在线广告市场的控制，实现了巨大的成功。其优秀的算法和强大的数据分析能力使得谷歌能够提供高质量的搜索结果和精准的广告定位，进一步巩固了市场地位，形成了难以撼动的垄断效应。

尽管每一种商业模式都具有成功的潜力，但选择合适的商业模式并进行巧妙的运用是至关重要的。企业应根据自身的竞争优势、市场环境和发展目标来选择合适的商业模式，并结合创新和灵活性，在市场中取得持续成功。

1.2 商业画布

我们先来分析一个案例。华为和小米都是手机厂商，但明显感受到它们之间存在一些差别。比如，华为手机更高端，技术含量更高，拍照技术更好，而小米手机则定位稍低，更具有性价比。在盈利模式方面，华为手机在硬件上的利润更高，而小米手机则通过广告等方式获取利润。在渠道方面，华为手机的线下门店和服务点更多，而小米手机则侧重于网络销售渠道。

华为和小米的这些不同之处实际上源于两家公司的商业模式不同。

1.2.1 商业画布内容

商业模式听起来有点虚，好在前人总结了一个很好用的工具：商业模式画布。

商业模式画布由9个构造块构成，分别是价值主张、客户细分、渠道通路、客户关系、收入来源、核心资源、关键业务、合作伙伴和成本结构，如图1-5所示。

合作伙伴	关键业务	价值主张	客户关系	客户细分
谁可以帮我？	我要做什么？	我给消费者提供什么价值服务？	怎么和消费者做好社交关系？	解决谁的问题？谁是我的种子客户？
	核心资源 我拥有什么？		渠道通路 运营什么样的渠道策略？	
成本结构 我要付出什么？		收入来源 我能得到什么？		

图 1-5　商业画布模板

画布左半部分（合作伙伴、关键业务、核心资源、成本结构）是一家企业创造价值所需要的元素，同时需要付出成本。

画布中间部分（价值主张、客户关系、渠道通路）是企业传递价值所需要的元素，同时也需要付出一定的成本。

画布最右部分（客户细分、收入来源）是获得价值所对应的元素。

商业模式画布能够清晰地展现一家企业"创造价值—传递价值—获得价值"的过程，能清晰地看出每个部分的核心动作，以及它们之间的关系。

1. 客户细分

大众市场：基本不会区分客户群体，如可口可乐市场。

小众市场：具体的、专门的市场，如集邮人士。

求同存异的客户群体：有同样的问题，但需求有些区别的客户。

多元化的客户群体：需求和问题迥异的群体，如使用网络云盘的客户群体。

多边平台/多边市场：服务两个或多个群体的组织，多是一些网络平台，如淘宝。

2. 价值主张

（1）价值主张的要素。

目标客户：市场细分以后确定的目标客户群体。

真需求：目标客户想要得到所提供的产品或服务时所处的状态和遇到的问题。

产品和服务：企业提供的产品或服务。

用户利益：提供给客户的价值和利益。

竞争对手：主要的竞争者。

竞争优势：区别于竞争对手的主要的不同之处。

（2）价值主张的类型。

新颖：新式的体验和服务，如迪士尼上门行李寄送服务。

性能：改善产品和服务的性能，如南孚聚能环。

定制：定制化以满足客户的特殊要求，如婚礼策划。

把事情做好：创造一个优质的体验，如海底捞。

设计：差异化产生价值，如保时捷。

品牌/地位：通过使用或显示某一品牌来表现身份，如香奈儿。

价格：以更低的价格提供同质的服务，如小米手机。

成本缩减：帮助用户削减成本，如瓜子二手车。

风险控制：帮助用户抑制风险，如稳定收益的基金、保险。

可获得性：将产品和服务拓展到更多的客户，如农村快递。

便利性/实用性：更方便或易于使用，可以创造可观的价值，如笔记本电脑。

3. 渠道通路

（1）渠道的价值。

知名度：使客户更加了解公司的产品和服务，如淘宝的广告。

评估：帮助客户评估一家公司的价值主张，如苹果公司线下体验店。

消费：提供更多消费点，使客户得以方便购买某项产品和服务，如移动营业厅。

传递：向客户传递价值主张，解决问题、实现需求，如迪士尼乐园。

售后：向客户提供售后支持，如苹果公司的天才吧。

（2）渠道的分类。

所有权：自有渠道、他有渠道。

形式：线上渠道、线下渠道。

4. 客户关系

（1）客户关系的价值。

吸引用户：开发新的客户。

留住用户：留住原有客户。

维系转化：增加销售量，提高消费。

（2）客户关系的类型。

私人助理：基于人际互动，客户可以与客户代表交流，并在销售过程中以及购买完成之后获得相应帮助，如客服、导购。

专门的私人助理：要求为每一个客户匹配一个固定的客户经理，这种关系类型包含了为单一客户安排的专门的客户代表，如私人医生、房产销售。

自助式服务：只需为客户提供一切自助服务所需要的渠道，不存在直接的关系，而是为客户提供自助服务所需要的所有条件，如自助售票机。

自动化服务：将相对复杂的客户自助服务形式与自动化流程相结合，如微信广告的定制投放平台。

社区：在线社区，供用户交流知识，帮助彼此解决问题，能利用用户社区与客户/潜在客户建立更为深入的联系，并促进社区成员间的互动，如贴吧。

共同创造：与客户共同创造价值，超越了传统的客户与供应商的关系，倾向于和客户共同创造价值，如知乎、大众点评。

5. 收入来源

资产收费：最常见的收费方式，如房产。

使用收费：特定服务收费，如电信运营商。

订阅收费：通过重复使用的收入来收费，如视频网站会员。

租赁收费：通过将某种资产或商品在固定时间内暂时为他人所有来收费，如共享单车。

授权收费：将受到保护的知识产权或形象等授权，如专利费用、IP 使用费、形象代言人费。

经纪收费：为整合多方利益的中介服务费，如房产中介费。

广告收费：各种广告宣传推广服务费，如爱奇艺的视频广告和搜索引擎的推广费。

6. 核心资源

物理资源：厂房和设备等有形资源，如库房。

无形知识性资源：品牌、产权、形象，如迪士尼人物。

人力资源：员工，如公司的研发人才。

财务资源：资金，如投资机构的资金注入。

7. 关键业务

生产制造：核心是生产和制造商品，如服装公司生产鞋子和衣服。

解决问题：为个别用户提供解决方案，如设计公司提供的品牌、服务设计等。

平台 / 网络：以平台为核心资源的商业模式，其关键业务都是与平台或网络相关的，如微博要维护自身的服务器。

8. 合作伙伴

（1）合作伙伴的价值。

商业模式优化及规模效应，如可口可乐的价格变动。

降低风险和不确定性，如大部分网点使用支付宝和微信支付。

特殊资源及业务活动的获得，如腾讯与京东的战略合作。

（2）合作伙伴的类型。

非竞争的战略同盟，如绿盛 QQ 能量枣与《大唐风云》网络游戏的合作。

竞争者之间的战略同盟，如许多手机品牌互相授权专利。

为新业务建立合资公司，如钉钉投资 Teambition 的合作。

基于供应关系的合作，如麦当劳和鸡肉农场的合作。

9. 成本结构

固定成本：成本总额不随业务量而变的成本，如主要管理人员的工资、前期的设备投入、厂房租金等。

可变成本：随数量的变化而变化，一般是实际业务开始后产生的成本，主要是原材料、电力消耗费用等，如多制造一台电脑，就需要多采购一个屏幕。

通过上述 9 个维度的分析，我们能得出一个企业大致的商业模式，即它通过什么样的产品服务于什么样的客户，它自身的核心价值主张、核心资源，它与谁一起合作来做这些事，以及整个公司能不能赚钱，盈利模式是怎样的。

1.2.2　商业画布应用的 4 大要点

商业画布应用的 4 大要点是方案闭环、价值闭环、资源闭环、财务闭环。

1. 方案闭环

方案闭环包括用户需求和解决方案两个要点。

商业模式成立的条件就是要有用户需求，没有用户需求，任何商业模式都是空谈。用户需求可以参考马斯洛需求层次理论，从生理需求到安全需求到社交需求，再到自我实现需求。用户需求一般不会有太大的变化，比如电商产品的多、快、好、省，无论线上还是线下的购物都在解决这几个问题。

然后就是解决方案，也就是说如何解决用户需求。针对用户需求提供自己的解决方案，以及相对于现有的一些方案有哪些优势，这是要思考的核心问题。

2. 价值闭环

价值闭环包括用户是谁，与用户是什么关系，怎么把价值传递给用户。

在确保自己提供的产品有价值或真正能够解决用户的问题后，关注的是怎么把价值传递给更多的用户，也就是渠道有哪些，这也是增长的本质。可以线下卖商品，也可以线上通过各种电商平台、直播平台等销售，渠道传播的效率决定企业赚钱的速度。

3. 资源闭环

资源闭环包括有哪些合作伙伴，核心竞争力是什么，有哪些重要业务支撑解决方案。

合作伙伴是指你要找哪些人或企业合作，帮助你共同完成产品或者服务。

核心竞争力是指有什么东西是你能够做到而别人却不能做到或者没有的。

重要业务是指为了解决用户的需求，你需要提供的产品或者服务。

4.财务闭环

财务闭环包括成本和收入，成本包括人力成本、系统建设成本、营销成本等，而收入是指你的产品或者服务能给你带来的资金流入。

要确保在帮助用户解决问题的同时我们的收入是能覆盖成本的，这样的商业模式才能够持续下去。

案例分享

以某 App 为案例，分析一下商业模式画布应该怎么用，如图 1-6 所示。

合作伙伴		用户需求		目标客户
名人大咖 综艺 出版社 投资机构	资源闭环	利用碎片化时间学习，学习跨界知识，直白讲述高性价比课程	价值闭环	企业管理层和创业者、白领群体、其他追求上进的人
核心资源		**方案闭环**		**传播方式**
知识资产 大V名人				App平台 优酷平台 喜马拉雅FM 微信公众号 天猫和线下平台
重要业务		**解决方案**		**用户关系**
知识新闻 每天听本书 精品课 电子书		知识付费，为用户提供省时高效服务，提出碎片化学习方式		IP影响力 知识提供者 学习推进者
成本类型				**收入类型**
App运营成本 邀请大咖制作内容成本 与其他供应商合作成本 专业团队读书制作成本 宣传成本		财务闭环		课程订阅 VIP会员 电子书销售 实体商城 商家赞助

图 1-6　某 App 商业模式的全景图

1. 方案闭环

用户的需求是利用碎片化的时间学习知识，提高自己，解决知识焦虑。该 App 的解决方案是通过知识付费给用户提供高品质的知识，同时还能让用户高效率地完成学习。

高品质是指与他们合作的有一批行业知名大咖，能输出原创且高质量的内容，另外他们有专业内容审核团队可以进一步提高知识输出的质量，从而保证服务是有价值的。

他们的解决方案还有高效，高效就是帮用户省时间，比如他们的"每天听本书"节目，有专业的人帮用户总结和解读，这样用户花很少的时间就能学到一本书的关键内容。

2. 价值闭环

该 App 的目标用户主打的是职场人士，其实任何人都可以是用户。App、公众号、线下和线上开的各种活动，都是能够传播价值的渠道。

3. 资源闭环

我们可以看该 App 做了哪些事情。该 App 做了精品课程、电子书、"每天听本书"等产品，为了完成这些业务，其要与名人大咖合作来输出原创高质量的内容，与出版社合作电子书。

4. 财务闭环

首先看成本，互联网产品的成本主要分为人力成本、互联网建设成本、运营成本三个部分。为了输出高品质的知识服务，该 App 得花钱请专家制作各种各样的知识内容。建设 App、公众号等互联网产品，让知识有了服务的载体，但也需要更多的资金投入。该 App、公众号的运营成本，包括广告费用、营销费用等，也是一笔不小的开销。

再来看一下该 App 的收入有哪些。其收入主要还是销售课程和电子书的收入，这个收入是非常大的，一旦课程制作完成，只要内容有保证，就会持续有用户为这些内容买单，边际成本非常低；典型收入还包括广告收入，比如举办线上、线下活动收取的商家赞助费。

1.2.3　商业模式设计

商业模式设计有客户需求定位、打造极致产品、独特盈利模式、构建竞争壁垒和产业链价值整合 5 个步骤。

1. 客户需求定位

买方市场的到来，使得产品需要更加快速迎合市场的需求，这对于企业来讲，精准挖掘客户需求尤为重要。

2. 打造极致产品

只有用工匠精神打造的极致产品，才能赚得用户口碑。例如苹果手机，iPhone 4 虽然极简，但是背后的设计逻辑也不容小觑，无论是机身的长宽、玻璃面板用料，还是硬件配置都下足了功夫，如此经典的极致产品也造就了乔布斯的传奇。

3. 独特盈利模式

构建独特盈利模式主要有盈利产品重构和盈利环节重构两种方法。

盈利产品重构是指盈利产品与热销的非盈利产品的组合拳；盈利环节重构是指从卖产品转化到卖服务。前者的典型案例淘宝上随处可见，某网店打造一款爆品，然后用爆品加上另一单品构成套餐捆绑销售。后者的经典案例如美国的国际商业机器公司 IBM，从卖服务器转型到如今卖信息技术和业务解决方案，至今在 IT（信息技术）界依然被尊称为"蓝色巨人"。

4. 构建竞争壁垒

为了防止业务模式被复制，企业构建竞争壁垒非常重要。这需要企业牢牢掌握住核心资源，掌控好自己的行业地位，优化供应链管理，给客户提供差异化服务。

5. 产业链价值整合

当下有句流行话："同行是用来整合的，上下游是用来协同的，异业是用来联盟的。"在如今互联网时代，单打独斗的模式已经行不通了，所以企业更需要资源的整合。从上游整合供应商，从下游整合零售商或者代理商。只有控制整个产业链里最有价值的部分，企业才能不惧跨界的竞争。构建好自己独特的商业模式，企业才能抢占市场。例如小米公司，所谓打造小米生态圈，就是产业链价值整合；不赚钱的小米手机和赚钱的周边产品组合，就是盈利产品重构；小米公司"为发烧而生"的口号也正符合打造极致产品的理念。

第2章
用户价值

2.1 用户是谁

企业经营者要有发现客户需求的能力。客户需求有时自己也未能察觉和认识到，所以有时候还需要你去激发、挖掘、引导。客户的真实需求不是一件产品，而是产品背后能够实现的功能；消费者真正的需求是解决问题，而不是获得解决问题的工具和手段。

商业模式本质上是客户价值创造与实现的逻辑，起点是发现客户未被满足的需求，以客户价值为中心。那么，你的目标客户是谁？你能满足他们什么需求？

对于创业企业而言，这两个问题必须想得越清楚越好，而且要尽快用事实去验证这两个假设是否合理，以下问题也必须解决。

（1）臆想出来的需求必须快速验证出并非真实存在，否则这样的项目基本上是必死无疑的。

（2）要进一步细分，有些构架模式的点可能大家都能接受，市场上也的确有需求，但是拆解到具体的产品的时候，如果没有设计好，也会存在巨大的问题。往往技术类创业公司最容易陷入一个误区：以一个很酷的技术为傲，以为有了好的技术，市场需求便随之而来。其实市场需求和技术领先是两回事，很多领先的技术无法转换成产品，即便转换成功了市场规模也很小。

因此，找准目标客户，引流精准客户，就需要了解产品的受众人群，以及其内心真正的需要。这就是整个商业模式地图的第一个重要的模块，即目标客户的细分。在这个模块当中，我们需要探讨的问题是谁是目标客户群，以及如何能够精确地描绘出目标客户群。

2.1.1 明确客户

客户不同，客户的需求就不同，优先级也不同，企业必须根据客户的需求和优先级来进行相应的业务开发和策略制定。例如，在餐饮业中，顾客的口味偏好是非常重要的，如果一家餐厅的顾客大多对辣椒食物偏好，那么餐厅就应该在菜单中加入更多的辣椒菜，并在烹饪过程中更多地考虑到顾客对口味的要求。只有这样，才能更好地吸引顾客，提高顾客记忆度，提升顾客的回头率和忠诚度。

如果企业目标用户群的定位不清楚、不明确，就意味着后面所做的一系列工作都可能是浪费时间。

2.1.2 大企业和小公司

客户大小不同，其需求和话语权不同，公司的商业策略也应不同。

例如一家软件公司，在成长的过程中面临着不同的选择，即不同客户的选择，如表 2-1 所示。

表 2-1 客户的选择模型

	大企业	小公司
优势	有预算资金 有品牌	可形成产品体系 产品化
劣势	定制化 产品体系乱 项目制	免费，无收入

大企业客户的特点是有预算，但是他可能要求：

（1）所提供的软件服务一定是要为他个性化定制的，一定要根据其特殊的情况来进行这个产品的需求分析和开发；

（2）产品开发设计要和公司相匹配。

如果服务小客户，那么就可以按照我们认为的产品的定义为小客户提供服务。所以我们产品开发的时候，可以基于大多数中小企业的共性，开发一套基于产品定位和功能的一套产品，然而小公司客户可能要求在使用我们的产品时，一定要免费用，因为他们没有额外的预算。

这时候就面临了两难的选择：如果服务大客户，会有充足资金，但是也许业务模式就变成了项目制，需要不断为一个个大客户开发他们的产品项目；如果服务于小公司，可以有自己的产品架构，但短期没有收入。然而，我们又很难兼顾大客户和小客户，因为资源有限，人才有限，产品开发设计团队有限。

这时候，对于目标用户群的选择就又成为了一个关键。应该把一类用户做透，未来第二类才会有机会。如果你同时做两类，也许你在哪一类都不能成为这个市场最领先的代表，最终很难有长足的发展。

2.1.3　双边用户

有时候企业做功能模块的选择时，考虑的不是单边用户，而是双边用户或者多边用户。比如像滴滴公司的业务，当进行商业模式和业务模式设计的时候，考虑的不单单是乘客，还有司机，因为这两个群体是整个商业模式打通的关键。所以既要考虑司机需要什么，也要考虑用户需要什么，他们的需求可能完全不同。用户觉得只要让我最快时间打到车，把我从 A 送到 B 就可以了，而司机一定想的是怎么样多挣钱。

因此，企业把握的是不是目标用户群，也是要考虑的。

2.1.4　错位客户

有时候，产品的使用者和产品的决策者不是同一个人。例如，我们做的产品是小朋友非常喜欢的少儿教育产品，但我们销售的过程却非常困难，因为作为决策者的父母不认可这个产品。

因此，即使你的产品用户使用得非常好，但决策者认为它不是一个刚需产品，你也很难真正获取价值完成目标。

选择用户和选择用户需求的过程值得深入探讨，你要去深入思考到底谁是你的目标用户群，并把它写下来。

2.2 真正需求

商业模式创新需找到精准需求，不能想当然地把一个泛泛的需求当作客户必需的需求。比如客户需要一匹更快的马，在这个需求中，客户需要的是"更快"，而不是"马"，只有找准"更快"，才能颠覆"马"这个载体。

在这个过程当中，对于用户需求的把握非常关键，因为这决定了你给你的用户提供什么样的价值，而且是真实需求的价值，这是非常重要的。

例如摩拜单车发现了其目标人群存在 1 ～ 3 千米出行的问题，这也是人群持续关注的一个问题，但一直没有被很好地解决。具体问题如下。

（1）不方便，步行到公交站的时间成本高。

（2）不经济，乘坐出租车或买辆自行车都不合算。

（3）不安全，如果自行车可能被偷以及打到黑车。

这就是摩拜单车洞察到的机会所在，是可以为他们创造价值的地方。针对以上3个需求，摩拜单车做了3件事情。

（1）解决方案或产品不方便的问题。摩拜单车你随时想停就停，想走就走，扫码即走，无桩停车。

（2）解决其他方式成本太高的问题。摩拜单车的成本达到最低，只要一块钱，完全打消你对于成本的顾虑。

（3）解决自己买车不安全的问题。摩拜单车以租代买，客户压根不用考虑这个车的安全性问题。

摩拜单车用这3个解决方案把问题一一击破，这样就给用户带来了真正的价值。

这就是解决了整个产品用户的核心需求的问题，这就是在思考怎么样去为用户创造价值。

2.3　客户价值

2.3.1　客户价值种类

商业模式的种类有很多种，但是一个成功的商业模式背后一定包含某种特质。其核心问题是解决以下问题。

（1）为谁提供什么价值？

（2）靠什么方式转换为收入？

（3）两者之间通过什么商业过程来支撑？

解决思路可从以下几个方面找到突破点。

（1）差异化：差异化是用户视角的，而不是产品视角的。

（2）性价比：针对中档产品可实施性价比策略，需要找一个用户熟悉的价值锚点、标杆产品，比如网易严选是准高端的品质、中端的价格。

（3）长尾需求：原来没有供给的，现在可以供给了，如亚马逊卖书，因为原来在线下书店是买不到很多小众图书的，现在可以了。

（4）社会价值：用户心理上的认知，认为有社会价值，例如苹果手机带动了整个产业链的发展。

（5）时间价值：比如把用户原来无法使用的碎片化时间填满，又如提前使用某产品，额外付费。

2.3.2　如何创造价值

如何做好产品的商业模式呢？需要做好让产品更好用和让产品更有价值两方面工作。

1. 产品的小循环

产品的小循环与产品的基础体验直接相关，是用户最能直接看见的部分。靠积累和综合能力不断进化，形成产品极致的用户体验。

将用户使用模块产品的完整过程分为吸引、理解、感兴趣、行动、分享、留存 6 个节点，构成了一条关键路径。

（1）吸引。

吸引往往来自被动触达。例如我在地铁站看到的某个广告，在公众号看到的软文，在逛头条时看到的某个推荐，或朋友的推荐。吸引是一瞬间的事情，也是最不可控的部分。

（2）理解。

用户被吸引后，产品便有了机会去展示最重要的那条信息：是什么，有何功能，为用户提供什么价值。

让用户在一秒钟理解是什么产品，比花里胡哨的"炫技"来得重要得多。因为只有知道了是什么产品，用户才会去思考对他有什么价值。

（3）感兴趣。

感兴趣通常表现为转化，即看到产品后，用户愿意试用或体验，去尝试其中的任何一个模块功能。决定这个节点的，往往是产品的目标用户。

（4）行动。

用户按照产品的逻辑，去完成特定的动作，这一步直接体现产品的核心价值。如果是淘宝，用户的行动便是购物；如果是大众点评，那便是找店；如果是今日头条，那便是看信息流。

行动的核心，在于辨别用户产生这样的行为是因为产品的价值，还是纯粹因为激励。例如某平台打出的口号是"看新闻能赚钱"，那么用户完成看新闻的行动，到底是因为新闻的价值，还是钱的魅力？

物质激励是工具不是目的，行动背后的驱动力如果只跟物质激励挂钩，用户的迁移成本会非常低。

（5）分享。

这是非常难的一步。想象一下我们在什么情况下会去分享一个产品，大概不外乎这几种：①产品对别人有价值；②觉得这个产品提升形象；③分享有好处。

产品本身需要在用户心中完成两级认知：

第一级，产品有价值；

第二级，产品对身边的人也有价值，且用户想要告诉身边的人产品有价值。

感兴趣不难，但感兴趣往往是行动的一部分，算不上分享。

（6）留存。

留存就是指用完再用，没有留存，就是没有循环或复购。留存的关键在于稳固老价值，创造新价值，让用户有持续用该产品的理由。

2. 产品的大循环

产品的大循环是指产品是公司整体商业模式中的一个元素，且该模式被验证是可以跑通的。产品的大循环总是建立在得到验证的商业模式的基础上。产品为公司创造价值，而不是消耗价值。大循环与产品的体验关系不大，在产品定位出来的那一刻，大循环也就定了。

一个优秀的产品经理一定能做好产品小循环。给到合理的资源、时间、成本，运用现在已经非常成熟的各类方法论，按照项目管理的流程，总能做出来，至少产品的小循环总能跑得通。一旦公司的策略发生变化，商业模式需要调整，那小循环再好的产品如果不符合大循环的要求，也应中止。

意识到两个循环的存在，站在产品大循环的角度，去思考小循环的演化，至少在可控的范围内，尽可能通过产品为公司创造价值。

第3章
价值实现

3.1 业务模型

创新的商业模式存在于各个行业，并且随着技术和市场动态的变化而不断发展。它们在推动经济增长、促进竞争和响应客户不断变化的需求方面发挥着至关重要的作用。拥有创新商业模式的公司更有可能在充满竞争的商业环境中蓬勃发展。

在企业架构中，业务架构是企业整体业务活动的描述和组织方式，其中业务模型是业务架构的重要组成部分。

3.1.1 业务模型构建

业务模型是服务于公司核心商业模式的一套模型，包含许多规则、协作机制、流程，能够说明这个商业的运作方式。该模型输入之后，能够有价值输出，让公司的业务发展并具有规模化。如图 3-1 所示。

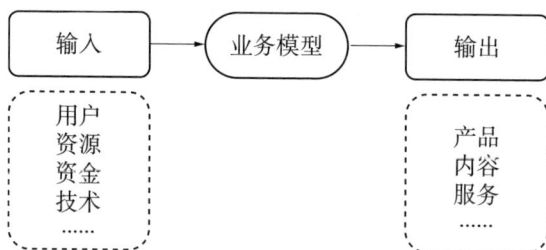

图 3-1　业务模型

例如一个配送平台，业务模型为商家或者个人在平台发货，平台拿到订单，通过一定规则，将订单分配到各个配送员，配送员去发货点取货，取完货之后，进行配送，最终将货物送到收货人手上，如图 3-2 所示。

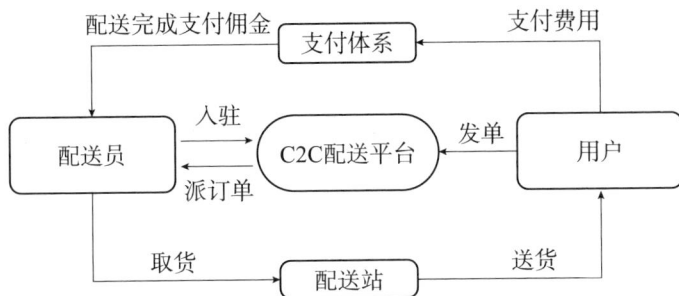

注：C2C 即 Consumer to Consumer，表示个人与个人之间的电子商务

图 3-2 配送平台的业务模型

通过商业画布，用户群体、用户需求、给用户提供的服务和价值、接触用户的渠道和方式、重要的合作伙伴、成本、收益等就非常清晰了，如图 3-3 所示。

合作伙伴	关键业务	价值主张	客户关系	客户细分
（1）各地商业中心、办公楼 （2）招聘平台 （3）线下劳务中心配送群体	配送服务	（1）共享配送，提供方便、快捷、便宜的配送服务 （2）为配送员提供一个灵活就业、获得额外收益的平台	（1）为发货人提供配送服务 （2）为配送员提供灵活就业	（1）需要配送的个人 （2）需要配送的小企业 （3）需要配送的大公司
	核心资源 （1）发货人 （2）配送员		渠道通路 （1）微信公众号 （2）App （3）官网	
成本结构 （1）注册服务费 （2）人员成本 （3）市场拓展费 （4）管理费			收入来源 （1）佣金 （2）技术服务费 （3）其他	

图 3-3 配送平台的商业画布

以配送平台举例，同城配送平台除了解决基本配送服务以外，还解决了商家找配送员、运费支付的双方担保、配送人员路线导航等痛点问题，提高了业务的运作效率，降低了配送人员入门的门槛，如图 3-4 所示。

发货订单	订单分配	配送调度	取货	运输	货物移交	资金结算

图 3-4　同城配送流程

从其核心流程及核心价值链，我们可以看出，整个链条由两部分构成。

（1）核心链条。

核心链条是产生增值的重要链条，是获取收入的环节。核心价值链是直接与企业向客户提供的产品和服务相关的业务活动。

（2）辅助机制。

实现业务收入的必需辅助机制是对核心价值链起到支持作用的增值活动。引入发货人，发货人到平台发货，最终享受配送服务，这个链条是业务流转的基础，是实现收入的基础逻辑。配送平台的研发，如平台运营、提供配单、运力调度等则是基础辅助业务。

3.1.2　业务模型分类

1. 核心业务模型

核心业务模型即业务增长模型，是获取目标用户，达到业务转化、留存，获得商业价值的收益或流量的模型，如图 3-5 所示。

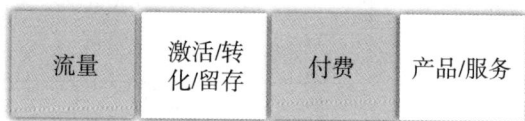

流量	激活/转化/留存	付费	产品/服务

图 3-5　核心业务模型

2. 辅助业务模型

支撑核心业务流程的就是辅助业务模型，如图 3-6 所示。

研发/生产	供应链	交付	服务保障

图 3-6　辅助业务模型

两个模型的结合点就在资金与服务或产品的交付与服务保障环节，如图 3-7 所示。

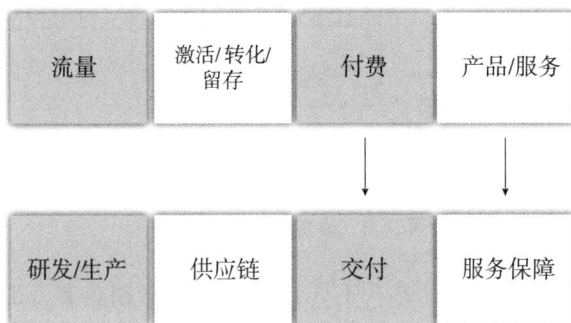

流量	激活/转化/留存	付费	产品/服务

研发/生产	供应链	交付	服务保障

图 3-7　整体与辅助业务模型的关联

如何梳理一家公司的全局业务模型？

以配送平台为例进行介绍。

（1）发货客户增长模型。

整个发货客户的增长模型，可以分为获客、转化、交易、客户维护 4 个大的环节。如图 3-8 所示。

①获客：可以通过线上、线下不同的渠道获取客户关注，不同的渠道要采取不同的措施。

②转化：通过日常的引流活动，如促销、发放优惠券等方式，诱导用户下单，进一步将用户根据其需求分流。如果用户需要配送就下"配送单"，如果用户需要别人帮买东西就下"帮买单"，如果用户需要别人帮忙办事则下"代办单"，等等。

③交易：用户下单、支付后，等待配送员上门取货，配送员配送完成之后，会将送达消息给到发货方。

④客户维护：用户下单后，可能因为对服务的不满意而不继续使用，那

么这个时候需要进行流失用户的召回，建立用户激励体系，激励用户持续不断地使用服务。

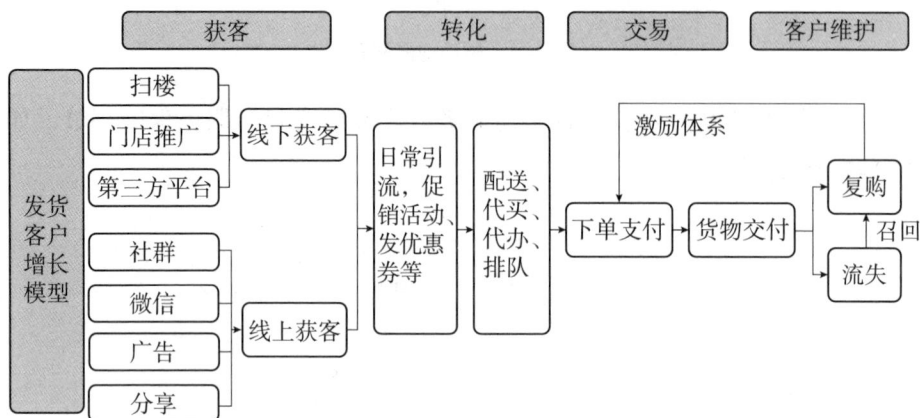

图 3-8　发货客户增长模型

不同的业务，增长驱动略有不同，比如不做营销获客，那么可以采用分销模式。总的来说，需要梳理整个增长模型，这样才能清楚如何增长，从而分析现存环节中的问题。

（2）配送员增长模型。

配送平台提供服务的是配送员，但这些配送员与平台非直接雇佣关系。获得配送员的基本流程是配送员招聘、转化、交易、配送员维护 4 个大的环节。如图 3-9 所示。

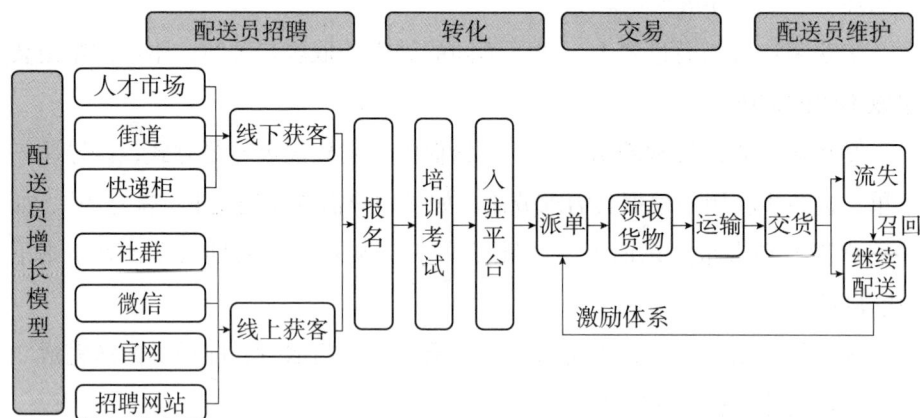

图 3-9　配送员增长模型

①配送员招聘：通过线下与线上方式招聘配送员，比如可以到人才市场发传单或参加线下人才招聘会，加有配送员的 QQ 群，和一些快递行业的公众号合作，通过官网和各种蓝领招聘网站进行招募。

②转化：在目标人群聚集的地方拉人，有意向的人群报名，通过线上、线下的方式对他们进行培训，让他们了解配送的规则，并进行考核，满足条件的人让他们入驻平台，平台就拥有了配送能力。

③交易：配送人员提供配送服务，获取收益是最根本的。有订单的时候，根据订单的距离，向就近配送人员指派订单，配送员根据订单信息拿货，进行配送，最终交货给收货人，平台根据约定按配送金额进行核算，将配送员的收益结算，则整个配送环节完成。

④配送员维护：部分配送员可能因为各种原因不再继续配送，那么需要采取一些召回措施；为了留住配送员在平台持续进行配送，需要对配送员进行激励。

（3）综合增长模型。

通过上面的分析，将发货客户和配送员增长模型结合，两个模型之间的关联节点就清楚了。通过交互节点，完成支付、服务的提供与转移。如图 3–10 所示。

（4）辅助业务模型。

进一步分析辅助模型，发货方要发货，需要到平台进行注册；配送方也需要到平台注册，获取订单，进行导航，则平台就需要提供相关的注册、发单、调度、接单、资金服务，并进行运营管理，提供整套的平台系统，如图 3–11 所示。

将增长模型和辅助模型结合起来就是全局业务模型，从中可以清晰地看到发货、客户获客、转化、交易、维护是怎么运行的，配送员招聘、转化、交易、维护是怎么做的。我们也能清晰地看到，平台为了让业务顺利开展，需要做哪些具体的辅助业务，怎样来管理，以及管理哪些关键环节。

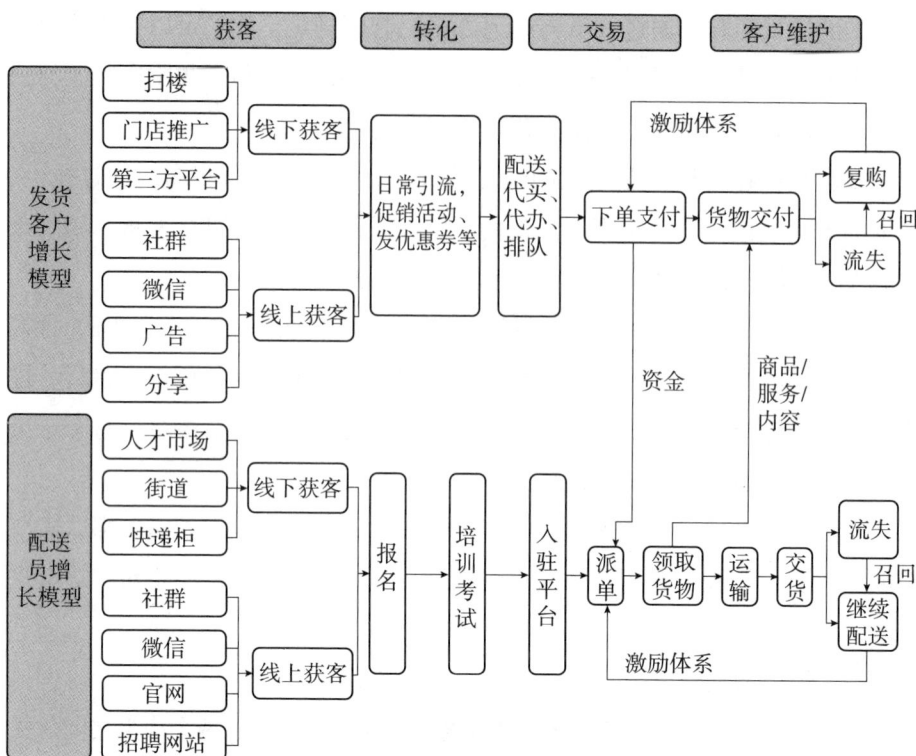

图 3-10　综合增长模型

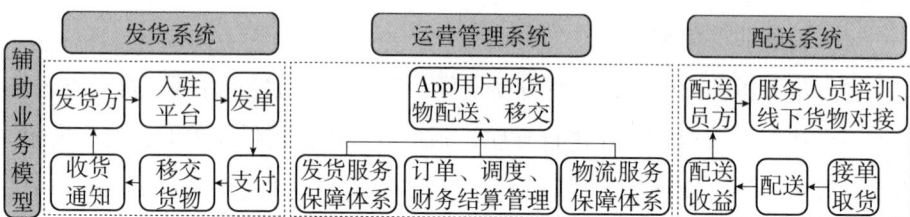

图 3-11　辅助业务模型

3.2　增长获客模型

3.2.1　裂变分销型获客

裂变分销型获客的本质是通过激励现有用户或渠道推广产品或服务，利用用户的社交关系链实现快速传播和销售增长。这种模式的核心在于通过奖励机制激发用户的积极性，促使他们主动分享产品信息，吸引更多新客户，从而形成裂变效应。

裂变分销型获客的具体实现方式包括多种策略，如转发、邀请、集赞、砍价、拼团等。这些方法通常结合奖品或优惠作为诱因，鼓励用户通过社交媒体分享链接或信息，吸引更多人参与活动。例如，用户邀请新用户注册或购买产品后，邀请者可以获得奖励或折扣，从而激发更多分享行为。

裂变分销型获客的优势在于其高效的传播速度和较低的获客成本。通过利用用户的社交网络，信息可以迅速扩散，达到传统广告难以企及的范围。此外，用户自发推广相对于传统的广告投放成本低，效果更直接。同时，这种模式还可以培养用户的忠诚度和参与感，形成良好的口碑效应。

3.2.2　内容型获客

内容型获客的本质是通过提供有价值的内容来吸引和留住目标受众，从而促进品牌认知和销售。内容型获客的途径是要么内容爆款产出能力特别强，要么产出海量的内容同时在海量平台上分发。

内容型获客的核心在于提供高质量的内容。这些内容可以是文字、图片、视频等多种形式，旨在满足客户的需求和兴趣，提高他们对品牌的认知和好感。通过持续输出有价值的内容，品牌可以建立起客户的信任和忠诚度，从而促进销售和品牌成长。

实施内容型获客需要综合考虑多个方面。首先，内容必须具有吸引力和相关性，能够引起客户的兴趣并与其产生互动。其次，内容应通过多个渠道进行传播，包括社交媒体、博客、视频平台等，以最大化覆盖。最后，内容的创造和管理需要专业的团队和策略支持，确保内容的持续输出和质量控制。

3.2.3　地推型获客

地推型获客通过地面推广活动直接面向目标客户群体，以实现品牌宣传和用户获取，要求在线下铺的面要足够广，获客依赖若干地推销售。

地推型获客的核心在于其直接性和互动性。通过地面推广活动，如发传单、扫楼扫街、定点推广等，地推能够直接将信息传递给潜在客户，这种面对面的交流方式不仅能够提高信息的到达率，还能实时获取客户的反馈，从而调整推广策略，确保获客效果。

地推型获客的优势在于其高性价比和效果的可预期性。相较于线上广告等推广方式，地推的成本较低，且效果更为直观。通过地推员面对面推广，可以快速获得用户反馈，从而调整推广策略，确保投资回报率。此外，地推还能帮助产品快速打开市场，特别是在新产品上市时，地推能够迅速提高产品的知名度。

3.2.4　KOL 型获客

KOL 型获客的本质是通过关键意见领袖（KOL）的影响力来吸引和引导目标客户群体，促进产品销售和品牌认知。KOL 的商业价值不仅仅由粉丝数量决定，而是由其多重价值共同作用，包括流量价值、暗示价值、品牌价值、模仿价值和号召价值等。

KOL 在获客过程中的具体作用机制：通过 KOL 的推荐和背书，增加产品的信任度；通过 KOL 的影响力，引导粉丝模仿和跟随；通过 KOL 的号召力，促使粉丝采取购买行动。

KOL 型获客的优势在于能够精准定位目标客户群体，通过 KOL 的影响力实现高效的品牌传播和销售转化。相比传统的广告宣传，KOL 营销更加个性化、互动性强，能够更好地建立品牌与消费者之间的信任和情感连接。

3.2.5　效果型投放获客

效果型投放获客旨在直接促进销售或实现具体的业务目标，通常通过精准的人群定位和实时竞价的方式实现，主要依靠渠道流量。

效果型投放获客核心在于直接带来销售行为。这种类型的广告更适合那些需要快速见效的业务，例如电商、在线教育等。效果型广告的效果可以通过点击率、转化率等指标实时监测，便于优化和调整投放策略。

3.2.6　品牌型投放获客

品牌型投放获客的核心在于建立品牌形象和市场占有率。品牌型广告通过广泛的媒介曝光和长期的营销策略来传达品牌价值观，旨在影响消费者的购买决策，虽然不能直接带来销售，但能够提升品牌知名度和好感度，为未来的销售打下基础。品牌型广告通常选择优质的媒介平台，如电梯广告、朋友圈广告等，通过高频次的曝光逐渐渗入消费者的认知。

3.3 商业价值实现路径

根据商业模式对应的商业价值实现路径搭建全局模型的主框架，有多种商业价值实现路径可供选择。

（1）"平台＋抽佣型"商业模式的商业价值实现路径，如图 3-12 所示。

图 3-12 "平台＋抽佣型"商业模式的商业价值实现路径

（2）"流量＋广告变现"商业模式的商业价值实现路径，如图 3-13 所示。

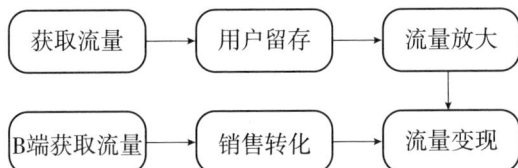

图 3-13 "流量＋广告变现"商业模式的商业价值实现路径

（3）产供销型商业模式的商业价值实现路径，如图 3-14 所示。

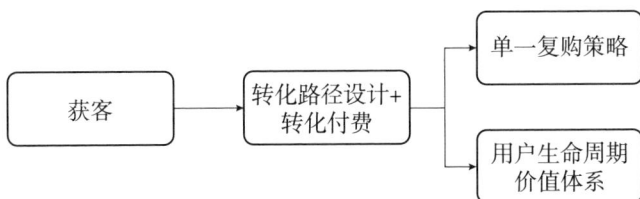

图 3-14 产供销型商业模式的商业价值实现路径

（4）"免费＋增值型"商业模式的商业价值实现路径，如图3-15所示。

图3-15 "免费＋增值型"商业模式的商业价值实现路径

第 4 章

盈利模式

4.1 收入模式

商业的基础是市场经济，市场经济的基本行为是交易，交易的本质是价值交换，所以可以用一句话概括所有的商业模式：为谁提供什么价值，靠什么方式转换为收入，前两者之间做什么商业过程来支撑。其中，收入模式是商业模式的重要组成部分。

4.1.1 收入分类

不同产品付费主体不同。按照付费主体不同可将收入分为以下几种。

（1）最常见的是谁享受产品或服务谁付费。这种情况下，客户与终端用户重合为同一自然人。

（2）互联网各种产品中最常见的是第三方付费，客户与终端用户分离，付钱的人和享受的人不同。

（3）产品分隔，又分为以下几种。

①主机和配件，比如剃须刀与刀片、打印机与墨盒。这背后的本质是高价低频免费，低价高频付费。

②流量款和变现款，比如餐馆的特价菜、软件的免费试用，背后的本质是低价高频免费，高价低频付费。

③产品和服务分拆，硬件免费，服务收费，比如固定电话的初装费和话费。这种产品服务体系体现了从产品导向到使用导向的转移。

（4）时间分隔，把时间当作一个维度来考虑。比如分期付款，有了金融属性。

如果你认为某个产品是免费的，那多半是因为你没看到全局。时间上，可能是先免费圈用户，再收割；空间上，可能是作为引流款，为另外的商品作铺垫。

很多时候产品收费明显低于价值，可能是以下两个原因：

①作为门槛收费，只是为了过滤客户以降低服务成本，更看重高质量用户；

②把差价视为营销费用，直接返还给客户，前提条件是客户生命周期价值大于差价。

4.1.2　商业模式收入来源

在一个商业模式当中，收入来源设计对于商业运行模式和企业价值影响较大。

新用户、提高单位客户价值、延长用户终身价值是商业模式收入来源，如图 4-1 所示。以苹果公司为例，其产品利润率非常高，市值也是一路飙升，是一家非常赚钱，也非常值钱的公司。苹果公司的收入来自哪里？

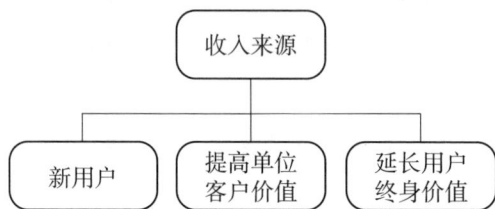

图 4-1　商业模式收入来源

1. 新用户

所谓的新用户是指以前用的同类产品是其他品牌的，因为知道了苹果产品性能更好，所以成为苹果产品的新用户。

苹果公司通过它的品牌和产品不断扩大它的用户基数，不断增加购买产品的用户数量，因此最重要的收入来源就是扩大新用户。

无论是新产品，还是在不断成长的产品，收入的第一来源就是那些更多的空白领域。可能这些领域从一线城市扩展到二线城市、三线城市，或者从国内不断扩展到国外。

2. 提高单位客户价值

如果用户在购买产品后，使用 2 ～ 3 年才再一次购买，那么企业收入很难在短时间里持续地增长。

基于此，苹果公司采取措施提高单位客户价值。能够以更优质的服务换取更多的价值，企业的收入或者估值就会越高。

那么苹果公司是怎么样从单位客户身上再去挖掘更多的收入呢？

通过产品线延伸，推出交叉销售的方式，即除了苹果手机之外，有苹果手机的互补关系产品，如 iWatch、iPad 等，多次从一个消费者身上获取收入。

让同一个消费者重复进行更多的购买，这是在产品线上的延伸。苹果公司的商业模式还有一个非常重要的构成：除了硬件产品之外，从苹果商店里面买到的一个个软件也在为苹果公司不断创造更多的收入来源。

因为用户终身价值大于用户获取成本。如图 4-2 所示。

$$LTV > CAC$$

注：LTV（Life Time Value）指用户终身价值；CAC（Customer Acquisition Cost）指用户获取成本

图 4-2　关注用户终身价值

3. 延长用户终身价值

用户终身价值就是指成为用户后将黏性持续保持下去，最终成为持续的、忠诚的用户。

苹果公司不停地进行产品的革新和创新，持续管理消费者的生命周期，让消费者成为其长时间用户，从而获取更多的收入。

苹果公司产品的收入模型也适用于其他商业模式：第一，让更多的人成为产品的新用户；第二，成为新用户以后，提升消费者的单位客户价值；第三，通过纵向、横向的方式在时间上延长，管理消费者的终身价值。

4.2 成本结构

4.2.1 成本组成

成本结构是指企业为实现其商业模式所需要承担的各种成本。不同产业的成本结构组成不同。以淘宝公司为例，淘宝公司需要通过有效的成本控制来支持自己的业务运营和发展。其收入结构可概括为平台服务费、广告推广费、物流配送费、技术维护费4部分。

（1）平台服务费：淘宝公司向商家收取一定的平台服务费用，同时为商家提供开店、交易等服务所支出的人力、设备投入折旧等费用为平台服务成本。

（2）广告推广费：淘宝公司通过各种方式为商家提供广告投放服务，帮助商家提高曝光率和销量。淘宝向商家收取一定的广告推广费用的同时，也相应支出人力、平台维护等相关广告推广的成本费用。

（3）物流配送费：淘宝公司需要与物流公司进行合作，将商品从商家处送到消费者手中。淘宝向商家收取一定的物流配送费用，同时也为招聘配送员、货物运输等支出相应的成本费用。

（4）技术维护费：淘宝公司需要不断投入资金和人力、物力来维护自己的电商平台和技术系统，所以要收取一定的技术维护费用。

4.2.2 企业关注的成本内容

在企业运营时，要关注到企业的运营成本，包括创造价值过程中的成本，以及成本比重的决定。

1. 关注企业的成本结构

在关注成本的过程中，企业重要的关注点不在于花了多少钱，而是钱的投资回报率和效率，即到底花了哪些钱，钱花在哪里，以及企业手中的钱的比例构成。

我们应该对企业的资金使用效率和成本结构加以梳理，梳理后可能会发现企业的钱没有放在核心产品的打造而是主要放在了营销和广告宣传，这时候就要看看企业成本比例的设定是否合理了。

2. 关注整个成本结构的比例

接下来就是投资回报率的问题，它来自横向比较。所谓的横向比较是指企业同样花了这么多钱，雇了这么多人，跟同行的其他企业相比，创造的价值是不是相同，或者创造的价值和收入是不是比同行更高。

分析你的企业和同行是否在同一个水平上，需要看懂损益表，如表 4-1 所示。

表 4-1　损益表示例

		2022 年	2023 年	2024 年
收入	销售数量			
	单价			
	销售额			
	直接成本			
	毛利			
	毛利率			
费用支出	营销费用			
	管理费用			
	财务费用			
利润	息税前利润			
	所得税			
	税后利润			

4.2.3　损益表结构

损益表决定了企业的收入业务，即收入的主要来源是哪里，企业的钱主要花在哪里。

1.直接成本

直接成本可能来自产品生产设备折旧，也可能来自原零配件或者组装配件完成的过程。企业的收入减去直接成本，就是企业的毛利润。企业的毛利率决定了跟其他企业相比是否有竞争力，也是产品的效率情况。

2.费用支出

通常企业的3项重要费用如下：

（1）营销费用，指企业会花多少钱去做营销和推广，营销推广占整个销售构成的比例大概是多少；

（2）管理费用，指日常企业的员工费，机器设备、办公场所等日常的开销，这决定了企业员工的效率；

（3）财务费用，指银行贷款及利息的费用。

这3项费用也是考虑企业效率情况的重点。

所以从一张损益表当中，企业的成本结构能一目了然，可以从当中核算出核心竞争指标的比例，衡量自己企业在同行业中的效率竞争力。

4.3 常见盈利模式

有的企业创业可能有很好的客户价值主张、组织能力和资源，但就是没有赚钱的盈利模式。经常有人说，只要有客户和流量，赚钱不是问题。理论上的确如此，比如 Google（谷歌）就是这样做起来的，但如果你一直大手大脚地花钱，而赚钱还停留在可能性层面，那么企业就岌岌可危。因此，一个成功的商业模式必须要有清晰的盈利模式。

滴滴打车公司拥有成千上万的出租车司机，加上10亿级的待打车人群，用户精准且消费能力强。保守地估算，假如滴滴打车公司每天有6000万订单，每单按2元抽成计算，一天的收入就有1.2亿元。此外，还有滴滴商城的盈利模式，比如入驻商城里面的美团，可以利用页面链接转换、资源转换，产生流量费用收入以及其他游戏收入。

商业模式与盈利模式是联系而又各有侧重的，商业模式更宏观、更整体，而盈利模式则更为聚焦。商业模式指导盈利模式，盈利模式反哺商业模式。盈利模式的核心包括 3 个内容，也是商业模式体系中最重要的部分，具体如下：

（1）成本模式设计，解决成本构成及控制，比如成本最低化原则；

（2）收入模式设计，并进一步设计收入源、收入点、收入方式，完善业务模式；

（3）壁垒模式设计，即设计竞争壁垒，始终保持品牌的领先地位。

以上构成了盈利模式的核心，即"投入产出"模式的成功。

常见的盈利模式有以下 8 种。

1. 产品盈利

产品盈利的本质是以卖得便宜为根本。这是较传统的一种盈利模式，是任何生意人都必须掌握的。销售产品可以分为两种，一种是自己生产再销售，另一种是代理销售。自己生产需要有强大的工厂和研发团队，成本高，风险大。代理销售则需要找到优质供货商，掌握渠道和客户资源。

一旦确定企业的主要盈利方式来自产品，就是比谁的产品性价比更高，甚至谁卖得更便宜。

2. 品牌盈利

品牌盈利的本质是想尽办法卖得更贵。品牌是一种无形的资产，可以带来溢价和更高的价值。企业卖品牌需要明确自己的定位和目标客户，进行精准营销，建立品牌形象和口碑。客户买品牌实际上买的是情怀，是情感，是精神。品牌往往需要很强的无形资产作为"护城河"。

3. 服务盈利

服务盈利的实质是把看得见的钱都分出去，赚背后看不见的钱。随着互联网的普及，服务越来越成为人们消费的重要内容。卖服务可以分为两类，一类是线下服务，如维修、保养、装修等；另一类是线上服务，如代购、培训、设计等。目前互联网公司基本上都是这个套路，主业免费，先抓住流量，形成垄断，再通过后端收费来进行盈利。

4. 核心盈利

核心盈利是指把该花钱的让别人去干。比如，很多厂商做贴牌组装，但高利润的部分全都在自己手里。核心盈利需要有一定的整合能力，整合上游和同业者。

5. 资源盈利

资源盈利是指利用资源、渠道和用户优势进行盈利。资源包括人才、资金、技术、品牌等。有的企业通过资源整合，创造出更大的价值，例如通过与知名大学合作，拥有高质量的研发人才和资源，形成技术优势，对上游进行资源控制，对下游进行渠道控制，对互联网进行用户控制。

6. 专利盈利

专利是知识产权的一种，可以为企业带来巨大的商业价值。一些企业可以通过申请专利或购买专利来保护自己的创新或知识产权，从而赚钱。主要包括技术、版权、电影、歌曲、图片等，收租盈利是一种很高端的盈利方式。

7. 杠杆盈利

杠杆盈利主要是金融盈利。有些企业可以投资其他企业或项目，然后获得利润和资本增值，例如投资股票、基金、房地产等。在企业资产足以使用高杠杆的时候，可以进行金融盈利。

8. 流量盈利

流量盈利的本质是卖流量赚钱。在互联网时代，流量就是金钱。各种渠道和软件可以帮助商家获取流量，促进销售。例如网络公司可以通过开发各种软件和渠道，帮助商家推广产品和服务，获得流量和客户。

对于一个创业者来说，不要把目光只停留在产品或服务上，要不断创新盈利模式，不断提升企业竞争力。

第5章
持续成长

商业模式画布中的竞争优势，是指要找到企业最重要的核心资源，并不断强化和发挥核心资源的优势，提升企业的生命力。

5.1　核心竞争优势

5.1.1　核心资源

不管是成长型企业，还是初创企业，竞争都是一项非常重要的武器。竞争不单单是为了今天业务的生存，更重要的是为了明天而战。

什么是竞争优势呢？其实是稀缺性。如果企业拥有了某种稀缺性资源，就拥有了竞争优势。所以，企业在日常的经营管理或业务模式设计中，要找到这种稀缺性资源，它会在未来成为企业整个竞争过程中的"门槛"和"护城河"。

能成为企业稀缺性的竞争优势有哪些呢？

1. 专利技术

专利技术能成为一种稀缺性资源，因其具有独有性。一旦获得了专利，其他竞争对手使用这项技术专利的时候，就要向你要支付费用或要经过你的许可。例如在全球 5G 市场中，拥有最多专利技术的华为公司就拥有了这种稀缺性资源。

2. 品牌

品牌是一种无形资产，也是一种非常重要的稀缺性资源。一旦企业占领了某个品牌的赛道，其他竞争对手就很难进来了。比如我们说到咖啡，首先想到的品牌是星巴克，这就是用品牌资产占领了稀缺资源。

3. 基准

基准是指允许进入某个行业所需要的资质。比如要想进入中国金融领域开展业务，企业需要牌照。资质是进入行业经营发展的一种非常重要的稀缺性资源。

4. 转换成本

转换成本是指客户从购买一个供应商的产品转向购买另一个供应商的产品时所增加的费用，如增加新设备、重新设计产品、调整检测工具、对使用者进行再培训等产生的费用。转换成本是由行业的特性决定的，转换成本高就成了一种稀缺性资源。例如，航空公司一般不愿意更换飞机供应商，因为重新培训机械师，投资购置新的备用部件等会增加很多成本。

5. 网络效应

第五个稀缺资源是网络效应，比如微信的竞争价值和竞争优势就是它的网络资源。很多线下运营服务的企业也有网络效应，比如连锁零售、电信、交通。很多领域都是通过这个"网"把用户牢牢地捆绑在一起，这就是网络效应所能带来的价值。

即使当前公司的竞争优势不是特别明显，但通过一段时间的培养，形成自己独有的某项核心资源，就能成为企业赖以生存的非常重要的竞争资源。

5.1.2 独特价值定位

独特价值定位（UVP）是指企业的产品所拥有的区别于竞争对手的独特优势，能够为客户创造差异化的价值和体验。这种定位不仅体现在产品或服务的特性上，还包括业务模式和品牌体验等多个方面，从而形成企业的竞争壁垒和差异化优势。

1. UVP 的本质

独特价值定位的关键在于识别企业的核心竞争力、客户需求和行业痛点，并将其有效结合。通过深入了解市场和消费者，寻找与竞争对手的差异点，并将其融入品牌定位中，可以创造差异化竞争优势。

UVP 的本质是以下两点：

第一点，当用户想到你的公司，想到你的产品的时候，他会想到什么？

第二点，当用户有一个需求或场景时，第一时间脑海里闪现是否是你的品牌、你的公司？

比如，一个人想寄一份很重要的合同给他的客户，并确保合同的安全性。这个时候，在他的脑海里面闪现的第一个快递品牌是什么呢？

绝大多数人会想到的就是顺丰。因为顺丰给我们脑海当中的一个概念，就是它能确保货物安全且能够及时到达，这正是顺丰的独特价值定位。如果那份合同需要 2 个小时内，安全、准确地交付他的客户，那么他脑海当中想到的品牌则应该是闪送，因为闪送的独特价值定位就是"一对一急送，专门送您这一单"。

因此，UVP 的本质就是让你在产品和服务都同质化的今天能够找到属于自己的独特赛道。

2. UVP 的来源

（1）独特价值定位来自要解决的用户问题，比如前面讲到的摩拜单车的例子，用户在过去解决 1～3 公里的出行不方便、时间成本高，这就是它主要解决的问题。

（2）还可能来自用户的评价。通过一些用户的问卷、访谈，去找到用户的评价，或者通过一些研讨会、交谈焦点的头脑风暴的方式去获得用户的认知，这样就能够找到企业的独特价值定位。

3. 找到 UVP 的方式

（1）区别行业其他产品的价值。比如农夫山泉的"我们不生产水，我们只是大自然的搬运工"广告语，就是区别了行业其他产品。

再如，某二手车的独特价值定位是没有中间商赚差价，这也是一个跟行业的差异，因为行业当中过去二手车的中介主要的收入来源就是中间商赚差价，它打破了行业的差异，形成了独特的定位，让用户更容易去记住。

（2）区别行业其他产品的功能。比如某手机的广告语是"充电 5 分钟，通话 2 小时"，充电时间短就是跟其他产品品牌功能差异的地方。

（3）找到一种升维的定位。比如小米电视刚出来的时候就定位为互联网电视，这就跟其他的传统电视拉开了差距，一下子占领了另一个赛道，会让用户更容易去记住它。

5.2 商业模式创新

商业模式创新是将理论用于实践后进行再造与调整。在这一阶段，我们需要运用用户的视角思考、场景假设，进行不断改进，通过商业模式运行环境评估商业模式，做好最新情况下的商业模式监控、评估、调整或改变。

5.2.1 互联网产业常见的商业模式

1. 流量广告

例如抖音，对于 C 端用户是免费的，通过良好的产品体验吸引用户使用，形成用户流量。抖音将这些流量通过广告的形式卖给 B 端用户，用 B 端的收入抵消 C 端的成本。

2. 平台抽佣

例如美团外卖，作为一个外卖平台，有饭店、用户、外卖员等多种角色，通过撮合交易抽取佣金的模式赚取利润。

3. 产供销模式

这是传统的模式，企业自己生产并销售，赚取产品的利润。例如在线教育，自己生成课程，在自己的平台上售卖，获得课程收入；自营电商也属于产供销模式。

4. 免费增值模式

现在大部分网络游戏都是这个模式，用户可以免费体验游戏内容，但要获得更好的游戏体验就需要购买增值服务。

此外，一家公司可能有几种商业模式的组合，例如美团公司既有平台抽佣的模式，同时也有自有的单车骑行产供销模式和流量广告模式。

商业模式常受到三个层面的影响：一是产业链模式，代表了企业外部宏观的生存环境；二是产品或服务供应链的结构模式，代表了企业纵向的行业环境；三是企业经营管理模式，代表了企业内部的管理环境。

创新商业模式是公司创造、交付和获取价值的独特且创造性的方式，能够偏离传统或既定的业务开展方式，提供新的解决方案，产生收益并获得市场竞争优势。创新的商业模式通常会挑战现有的行业规范，包括利用技术、数据或新方法更高效地满足客户需求。

5.2.2　典型的新商业模式

1. 共享经济模式

共享经济模式是对传统行业极具颠覆性的一种创新商业模式。共享经济模式是一种社会经济系统，利用技术和数字平台使个人或组织能够相互共享资源、商品或服务，通常是收费的。这种模式近年来获得了显著的关注，并颠覆了各个行业的传统商业模式。

2. 平台模式

平台模式是一种云计算模式，提供云平台，开发人员可以在其中构建、部署和管理应用程序。平台产品包括基础设施、开发工具、中间件、简化应用程序开发和部署流程的服务。通过该模式创建一个连接买家和卖家的数字平台，促进行业内的交易和互动。通过提供集中式市场，平台使企业能够覆盖更广泛的受众，降低管理成本，并促进协作和效率提升。

3. 调研平台模式

调研平台模式是支持学术和科学领域研究活动的商业模式。调研平台为研究人员提供工具、资源和基础设施，以进行实验、分析数据、与同行合作并发布研究结果。调研平台商业模式促进研究人员、学者、专业人士之间信息、数据或知识的交换。这些平台通常提供工具、资源和网络来支持研究活动。

4. 软件运营服务模式

软件运营服务（SaaS）模式能让用户通过互联网连接来使用基于"云"的应用程序，是一种软件分发模式。应用程序托管在"云"中，并通过互联网以订阅方式提供给用户。企业可以提供易于访问且经济高效的解决方案。SaaS 模式免去了客户对硬件或软件许可证的前期投资，为客户提供了更大的灵活性、扩展性和无缝更新。SaaS 模式增强了用户体验，并提供了适应市场需求的敏捷解决方案。通过采用 SaaS 模式，企业家可以挑战老牌企业，引入创新，并在传统行业内创造新的机会。

5. 虚拟活动模式

虚拟活动模式涵盖广泛的业务和服务，利用数字技术向用户提供虚拟或在线体验和活动。由于技术进步和消费者行为的变化，这种模式近年来非常受欢迎。虚拟现实（VR）和增强现实（AR）技术正被用来颠覆电子游戏、教育和房地产等行业。

6. 一站式解决方案模式

一站式解决方案模式包括向客户提供预先打包的、随时可用的服务或产品，客户不用自己完成这些工作。一站式解决方案通过处理各种任务、流程或项目来节省客户的时间、精力，还可以为客户提供个性化的解决方案。独特的解决方案有助于创业公司从传统行业中脱颖而出。

7. 社会环境模式

社会环境模式是指企业和组织强调将社会环境责任与经济可行性联系在一起。该模式旨在解决社会和环境问题，同时保持盈利能力。创新的社会环境模式能为客户创造价值，同时创造或保持社会和环境效益。

8. 订阅模式

订阅模式是指客户定期（通常每月或每年）支付经常性费用来访问产品或服务。该模式对企业和消费者都有利，因此在各个行业中广受欢迎。订阅模式已经在娱乐、软件和电商等行业成功实施，许多其他行业也可以从这种模式中受益。

9. 基于人工智能（AI）的创意平台模式

基于 AI 的创意平台模式具有颠覆传统行业的潜力，尤其是在数字营销领域，重塑了企业品牌塑造和内容创作的方式。这些平台利用人工智能和机器学习技术来自动化和增强内容创建、设计和营销的各个方面，帮助个人和企业创建、编辑和优化各种形式的数字内容，包含图形设计、视频编辑、自动内容生成、图像识别、预测分析等功能，以提高创意输出效率。

10. 机器人流程自动化（RPA）模式

使用软件机器人自动执行重复的、有规律的任务就是 RPA 模式，这种模式正在改变各个行业。RPA 模式涉及使用软件机器人或机器人来模仿人类行为并与数字系统和应用程序交互，使组织能够简化运营、降低成本、提高准确性并提高生产力。这些机器人可以执行广泛的任务，例如数据输入、数据提取、文档处理、表单填写等。RPA 模式通常用于自动化各个领域的常规流程，包括金融、医疗保健、客户服务和制造。

11. 基于使用的定价模式

基于使用情况的定价颠覆了各个行业的传统定价模式。这种模式根据客户使用产品或服务的数量或程度向客户收费，而不是固定或一次性付款。基于使用情况的定价提供了更大的灵活性、成本透明度且更符合客户需求。这种模式在电信、云计算、SaaS、交通和公共事业等行业中很常见。

12. 零工经济模式

零工经济模式颠覆了各行业传统劳动就业的商业模式。在这种模式中，个人作为独立承包商或自由职业者工作，从事短期、灵活且通常基于项目的工作，而不是传统的全职工作。它对传统就业结构有着重大影响，并为人才提供更大的灵活性和机会。

13. 按成果付费（PFO）模式

按成果付费模式专注于向客户提供具体的、可衡量的成果，实现这些成果后付费。它被认为是一种颠覆性的商业模式，从企业提供产品或服务转移到提供价值和成果。PFO 模式将服务提供商和客户的利益捆绑在一起，通过激励、创新和问责制来颠覆传统模式。

5.3　避免商业模式失误

如何识别、避免和解决商业模式失误问题？
以下是常见的 6 大商业模式问题。

5.3.1　糟糕的商业计划

大量的初创公司失败，仅仅是因为他们未能制订出有意义的商业计划。由于缺乏核心商业模式，创始人重执行而缺乏思考，出现一个问题就解决一个问题，没花时间深思自己企业的商业模式，包括成本结构、收入来源及制订可靠的商业计划。

任何商业计划都比没有计划来得好。只在脑子里过一遍的计划一般是糟糕的商业计划。可以从一个成功计划的最基础步骤开始。

（1）创建一个完整的商业模式画布（15～30分钟）。

（2）扩展这个商业模式画布为一页商业计划（15～30分钟）。

（3）制定预算（2～4小时）。

（4）制订项目计划（2～4小时）。

（5）将以上内容打包成商业计划（1天）。

商业模式是一个流动的概念，商业计划也在变化。市值几十亿元以上的企业都不太可能只靠最早的一份商业计划就达到如此成就。像麦当劳、亚马逊和沃尔玛这样的巨头，都是把商业计划里一些不再有用的东西砍掉、修改，然后重新计划。

5.3.2 选错行业

选择的行业直接影响成果。在智能新兴行业里起步，好过在夕阳行业里领头。对于大多数初创公司来说，行业有好有坏，考虑行业很重要。为避免落入夕阳行业，应该在创业之前查看所在行业的数据。

要建立一家具有可持续竞争优势的初创公司，并在未来几年内盈利，就需要在竞争中占上风。可以尝试用波特五力模型分析并选择高增长的行业，还可以通过效率来破坏一个发展缓慢、成熟但有利可图的行业，用速度打败竞争。

5.3.3 找不到真正的问题

没有找到真正的问题就开始着手解决，才是真正的问题所在。真正的问题没有被解决，就等于没有利润。

如果商业理念是改变人们的消费习惯，就需要留心。因为以一种新方式解决一个明显的问题，满足市场的真需求，那才是值得做的，想要尝试改变一个大多数人不认为是问题的问题，那创业将面临一场艰苦的战斗。数字时代有的初创公司想把一些老式的东西数字化，但那些东西手动完成反而更好。那些声称要"教育"消费者和培养新消费习惯的初创公司，我们需要谨慎对待。

专注于问题比提出解决方案需要更多的时间和精力。深入思考问题所花费的时间越多，就会找到越多的优质解决方案。只有专注于手头的问题以及所有导致实际问题的因素时，才能提出有价值的优秀解决方案。

（1）写下问题，而不是具体的解决方案。

（2）确定第 1 层核心问题（痛点足够大，让目标受众足够关心）。

（3）正确判断现有解决方案，寻找痛点。

（4）核实解决方案的预算是多少，企业是否能够承受。

（5）借由潜在客户确定方向。

第 1 层核心问题会影响产品或解决方案的最大市场份额。如果还在找切入点，可以从自身出发，看看是否有问题或需求未被满足，这些问题或需求是否是很多人的痛点且很需要一个解决方案。

5.3.4　共生依赖

生活中共生依赖可能会影响个人成长，在商业里也是。依靠单一行业内的关系，或者单一大客户的关系，想取得成功的初创公司可能会出现问题。比如，一些公司只为商业广告制作特效，当广告市场不景气时，它们的营收就会急剧下降，这就是共生依赖问题。

当市场焦点转移，那些犹豫不决、害怕失去现有客户群的公司，在终于下定决心改变商业模式的时候，才意识到市场已经不存在了。

如何避免共生依赖？

1. 客户大小不重要

即使客户很大，他们也不应该占据公司全部的注意力。公司可以选择客户群，确保可以根据客户规模和获取成本快速调整策略。

2. 不要仅仅依靠定制

为每位客户提供终极定制是一种很冒险的行为，很少能获得想要的回报。在提供任何定制服务之前，需要先有可靠的产品和市场控制权。想要在行业中找到一个稳固的立足点，就需要一个广泛使用的产品或服务，而不是仅仅靠定制。

3. 不要一直为一个客户服务

只服务一个公司的客户，会让公司倒闭的速度加快。有很多小客户比只有一个大客户更好，因为好口碑会传播开来，小而美的客户越多，敲门的潜在新客户就越多。

4. 节省资金用于创作

升级办公套件、制作精美的视频广告等可能会增加很多不必要的成本。随着公司成长，资金应该更多地用来改进公司的产品或服务，如雇佣新人、寻找新供应商或资产改良。

5. 不要微管理

微管理陷阱会扼杀公司的创造力、生产力和创新能力。如果公司不可避免地要依靠单一行业，在制订商业计划时有必要规划好主要市场崩溃时如何让公司存活下来。

5.3.5 错误的时机

时机就是一切。越了解行业越能洞察到绝佳的时机。我们需要大致了解将想法变成产品并进入市场需要多长时间，包括创建设计、生产样品、改版、分销。

时机不能靠占卜，那如何才能避免错误的时机？一部分靠运气，大部分情况下，需要尽力做好商业模式设计和市场调查。在商业计划里，可以写一些关于时机的假设并给出方案。用"如果—那么"阐述假设或问题，然后对应给出解决方案。

公司在业务规划阶段就要做好假设和预案，即使遇到不利因素，也要比其他公司准备得更充分。不但要有计划，还要可以灵活变通。无论遇到什么时机问题，具有灵活性的商业计划可以让公司走得更远。

5.3.6 想得太小

创业者在创业初期倾向于想得太大，但许多初创公司失败是因为创始人早期想得太小了。

比如，花店老板说："我只想在街角开一家舒适的小花店，赚的钱刚好够我付账单。"但开一家花店，要做的远远比付账单来得多。需要给自己的商业计划留一个缓冲，一旦打开门做生意，可能有意料之外的事发生。做一点小生意赚一点小钱，可能会出事，然后什么也没赚到，反而变成了小亏。有些意外是不可避免的，如果从一开始就把生意想得很小，当困难出现时公司就容易倒闭。

除此之外，如果把业务想得很小，不敢想大，觉得很可怕或者遥不可及，就算踩准了市场机会，也只有昙花一现的成功，然后突然退出市场。因为公司缺乏长期计划，缺乏对客户长期需求的关注，好不容易积累起来的客户也没了，还留下了不怎么样的口碑。同时，一直担心想得太大无法更好地改善业务、产品和客户服务。

我们应该把所有指标都乘以 10，避免把业务想得太小。一旦确定了覆盖成本需要多少销售额，就将该金额乘以 10，将营收目标增加至 10 倍，其实这就有了新的商业模式。这会倒逼创业者以不同的方式重新看待目标。跳出框思考，找到实现 10 倍增长的理想方法。在第一次实现之前，一切看起来都不实际，但看看大型的花店零售商，每年营收上亿元，是可以做到的。

另外，瞄准细分市场是创业公司行之有效的成功方法。一部分人将细分一词误解为"小"。然而，目标细分市场是专业化的，并不意味着它很小或限制业务增长。如果找准定位，可以成为扩展到更大市场的品牌。产品或服务需要具有可扩展性，才能在细分市场的切入点之外取得成功。如果产品或服务无法扩展，那是销售产品而不是商业概念。一个强大的商业概念是可以扩展的，可以解决大众市场吸引力的问题，并有可能获得全球影响力。

放眼当下和未来，制订大计划，寻找新的合作伙伴、机会、营销公司、客户、产品和灵感。这样做会将"想得太小"转变为寻找可能性的思维，未来可能会遇到自己从未预料到的惊喜，同时在创业路上不断挑战提升自己。想大一点，而不是限制自己的潜力。

第二篇
产品销售

产品销售能够为销售前沿阵地输送强有力的"炮弹"，武器精良才能所向披靡。

第6章
销售资源包

销售是企业经营过程中的重要环节，是企业运营的两大车轮之一，但是销售过程中经常产生如下问题。

（1）不同的销售人员对客户讲解的产品优点不一样。宣传点不能聚焦，也就无法给客户深刻的印象。

（2）对自己产品的优点、利益点讲不清楚，语言没有说服力。

（3）在销售人员与竞争对手的战斗中没有强有力的"炮弹"，更有甚者，连宣传材料都不统一或干脆没有。

企业或多或少都会碰到这样的情况：公司的销售员一直在抱怨，出门谈客户没有像样的销售材料。本章内容将解决销售员一直以来的困扰，基本可以满足销售对外洽谈所需要的大部分资料。

6.1 销售面临的问题及解决思路

公司的销售工作是一个系统工程，公司发展的不同阶段，营销能力不同。企业的销售往往面临各种问题。

6.1.1 销售发展不平衡

公司产品在不同客户群、行业和渠道的销售业绩差别很大，营销结构极不合理。例如，一个生产稀油站产品的企业，在水泥行业的市场占有率60%左右，而在冶金、矿山等行业的占有率却不到10%。

公司产品在不同区域的销售差别也很大。例如，一个四川地级市的企业，重庆和成都两地就贡献了50%的销售额，重庆、成都、南京和北京四地占到

70% 的销售额。这说明该公司的市场覆盖率不高，还有很大的发展潜力。

建议：构建公司的营销战略地图，科学规划营销区域 "721"（对应为聚焦、重点突破、布局 3 类营销区域）定位和发展策略，即对于发展比较差的区域，进行市场吸引力和产品竞争力分析，选择市场吸引力大、产品竞争力高的区域优先派驻比较优秀的销售人员进行拓展。

6.1.2　产品规划少，产品定义不明确

有的公司对每种产品的定位不明确，特别是产品的 "721" 定位和企业内部产品之间的角色定位不清晰；每种主导产品的市场容量、每年的市场增长率、在市场中的竞争地位等信息缺乏；每个产品的商业模式分类不清，产品有多种配置，每种配置的模块界定比较含糊。

建议：尽快对产品进行战略规划，明确主导产品的 "721" 定位和角色定位，并系统规划各主推产品的商业模式。

6.1.3　产品销售目标和职责不明确

有的公司对产品每年的销售目标对整个公司销售目标的贡献，对公司利润的贡献等财务指标不确定；对产品根据自身的发展周期规律分解到各个销售区域和时间段的销售任务在每个销售人员身上的任务分解没有规划。从而，对销售人员的考核指标比较单一，综合程度不够。

建议：对公司的主导产品设置专门的产品经理，明确每个主导产品的考核指标和财务指标，明确新产品的发展目标，设立更有吸引力的销售激励，实现公司主导产品的市场成功和财务成功。

6.1.4　对市场环境的研究较少

有的公司对所处行业的市场容量、公司的产品可以销售到哪些行业 / 客户群、每个客户群所关注的关键因素等不够清晰。

有的公司人员对每种产品的竞争对手了解很少，更没有研究主要竞争对手，不清楚自己产品与竞争对手相比的优劣势，所以没有针对性的营销策略。策略的好坏是与竞争对手的策略相比较而言的，知己知彼才能百战百胜。

建议：每个产品都按照销售资源包的 $APPEALS 模型（见后文）和 FFAB 模型（见后文）挖掘各产品针对不同竞争对手的卖点和优劣势；对于不清晰的营销因素，要求销售人员在工作中获取，并不断完善各产品的销售资源包，为销售人员输送战斗的"炮弹"。

6.1.5　对产品不熟悉

销售人员做业务时，注重与客户搞关系，与竞争对手拼价格，对技术人员、内勤的依赖性很大，把丢单的原因主要归结于产品价格高或回扣少。

建议：利用销售资源包的模型／工具，挖掘和提炼产品的卖点、优劣势；加强销售人员对产品销售资源包的应用，突出产品的优点和特色，提升产品的美誉度，从而降低客户对价格的敏感性。

6.2　三角营销法则

6.2.1　三角营销法则的含义

三角营销法则是指产品力、渠道力、素材力三个要素各占三个角，三个角互相支撑，形成稳定的三角形。如图 6-1 所示。

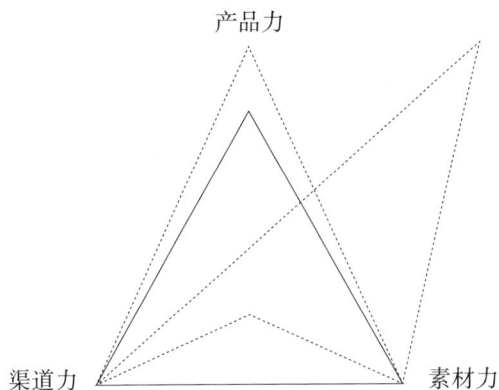

图 6-1　三角营销法则

三角营销法则指出，要想做好营销需要考虑产品、渠道、素材三点。这三个要素均衡发展，产品的营销综合能力才会比较强。任何一个要素的角度偏小，都会影响产品营销力。企业可以用三角营销法则作简单的判断，据此决定是否要开展新的营销活动。

三角营销法则的产品力是指公司要重点关注产品，关注产品的创新，关注产品的消费端需求，关注竞品的市场表现。分析产品力之后便要考虑渠道力，产品的渠道力包括路径最短的电商，人气最火的团购，准确服务特定客户群的便利店、体验店、大卖场。而素材力是指产品营销人员的素质、宣传素材等。

产品力第一、渠道力第一、素材力第一，围绕第一展开，就是三角营销法则的核心思想。不同企业基础呈现不同的分配，不同的分配决定着营销活动的效果。

产品力第一、渠道力第一都是相对的，任何产品都很难长期保持优势。要不断提升产品的营销影响力靠什么呢？靠的就是营销优秀素材的制造能力，其是保持产品力和渠道力第一的能量供给中心，就好比运载火箭没有源源不断的能量供给就无法到达终点，素材构建就是产品在特定渠道维持第一的能量来源。

例如，一个产品的销售渠道是相对固定的，产品也是固定的，要想在电商这个特定的渠道保持产品影响力，就需要不断地增加素材的投入，营销直通车引流费、直播带货引流费、种草引流费等。如果这些要素不投入了，素材消耗没了，渠道位置也就没了。

6.2.2　三角营销法则的异形

三角营销法则的产品力、渠道力和素材力互为依靠，产品力不好，渠道力再强，素材力再好，必将呈现小锐角趋势，如图6-2所示。

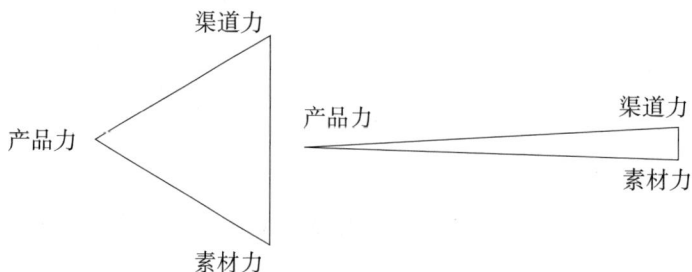

图6-2　三角营销法则异形

就算渠道力和素材力投入再多的资源，如果产品创新不足、老化陈旧，产品力的角度也会更加锐化，无限趋近于 0，产品的竞争优势将荡然无存。锐角越小则越需要加强，锐角小则产品成功率低。

其他两个要素也同理，一旦出现小锐角现象，企业就要重视这一端的能力补充。通过三角营销法则三要素的动态内角变化，企业能更加清楚识别产品综合竞争的优劣势，不仅有助于营销策划，也有助于对即将上市的产品作自身检查，评估其是否具备入市的条件。

从三角营销法则可以看出，产品营销能力的大小重在产品力和素材力两端，素材力很大程度上决定了产品能否成功，素材力的质和量就是抢夺第一的能量。

这里的素材主要包括产品的形象素材、产品的宣传素材、营销人员的素质等。可见要打赢一个个销售战，就要根据前沿阵地的一个个竞争对手制造相应的营销"炮弹"。

6.3　销售资源包框架

世界优秀企业有一个重要的管理理念：让平凡的人做出不平凡的业绩。优秀企业更重视企业的整体营销能力而不是个人的推销能力。

如何才能让平凡的人做出不平凡的销售业绩呢？最好的方法就是标准化。营销管理的标准化，就是为前沿的销售人员构建系统的销售资源包。

优秀企业都有自己的标准化销售资源包，营销人员人手一份，如松下公司仅客户销售手册就有几十本。有些行业的营销人员要经常对经销商进行标准化指导与管理培训，从而保证每个经销商都能规范运作。

标准化营销程序，建立在对营销各方面深入细致研究的基础上，是借鉴优秀企业和优秀营销人员的经验与教训而制定的，它的最大优点就是避免营销人员反复"交学费"，避免由于营销人员个人经验、能力、悟性等不足给企业造成损失。一个普通的营销人员，只要按照标准化的营销程序从事营销工作，就可以尽可能地避免失误，并取得超出预期的业绩。

优秀企业都有这样共同的特点：靠科学、标准化的营销资源包构建企业强大的营销能力，而不是依靠一两个能干的营销人员。那些在科学化、标准化的营销体制之下业绩出众的普通营销人员，一旦离开该企业，离开企业强大的营销能力的支撑，业绩立即滑坡。因此，在标准化的营销管理体系之下，营销人员的离职率相对较低，离职对企业造成的损失也相对较小。

光凭三寸不烂之舌做销售业务，太难为销售团队了。为销售人员准备销售资源包是企业的责任，一个优秀的企业在新产品上市前要做到：先进行新产品的市场分析和竞争分析，产品开发有明确的目标客户群和产品卖点，在产品开发之前就制定清晰的市场策略，解决如何使产品"好卖"及把产品"卖好"的问题，并在产品发布前完成销售资源包的评审以及对销售人员的培训。

销售资源包的开发已经成为产品开发的一部分，有完整的模板和工具。一般由产品经理组织跨部门团队进行编写，并从不同的角度完善销售资源包。产品经理要定期对各销售团队巡检，挖掘销售的成功案例和主要障碍，通过总结进行推广。

6.3.1　销售资源包的内容

销售资源包是指市场部提供给销售员使用的一系列资料和指导文件，如图 6-3 所示。

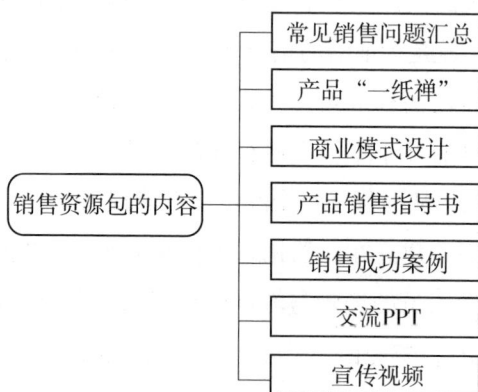

图 6-3　销售资源包的内容

1.销售资源包的成果

（1）通过 $APPEALS 模型分析产品优劣势、提炼卖点，制定产品的个性化竞争策略。

（2）通过 FFAB 模型，提炼产品给客户带来的价值，确定宣传方式。

（3）通过常见问题汇总，给销售人员提供回答客户问题的标准及有说服力的答案。

（4）产品销售指导书为前线销售员提供"打仗"的"武器""作战方案""弹药库"，以及后方支援的"指挥所"。

（5）产品的商业模式设计规范了多个单品的配置，明确了产品的财务指标和目标。

（6）产品"一纸禅"的提炼为不同人员"打仗"提供了各种"武器"。

（7）销售成功案例为销售人员搭建了成功经验分享的平台。

（8）交流 PPT 系统地介绍了产品优劣势和卖点，有利于降低客户对产品价格的敏感性。

（9）形象化的宣传视频能够直观地向客户展示产品，使客户有较好的体验。

2.企业在销售资源包方面存在的问题

（1）只有技术资料、服务资料，没有销售资料。

（2）编写人员往往站在技术角度写，导致销售人员看不懂，也说服不了客户。

（3）各产品文档资料没有统一的结构和格式，销售人员查阅起来比较困难。

（4）没有根据不同的阅读对象设计不同的版本。

（5）有关销售的文档内容太多，重点不突出、不精练。

（6）没有建立产品销售经验数据库，经验教训没有得到及时总结和推广。

6.3.2　销售资源包的优点

销售资源包可以是打印成册的实物，也可以是电子文档，主要为销售人员提供指导和支持。销售资源包的优点包括以下几个方面。

（1）明确了产品定位，规范了产品配置，明确了产品的主推配置。

（2）明确了产品优劣势、产品卖点、竞争策略和市场策略，让销售人员全面了解公司的产品及市场策略。

（3）让销售人员能快速地抓住产品卖点，打动客户。

（4）引导销售人员怎样降低客户对价格的敏感性，主谈产品的性价比，而不是只谈价格。

（5）为销售员指明了工作方向，即怎样做业务，研究竞争对手的哪些信息等。

（6）有助于培养市场和销售人才，熟悉产品销售资源包的制定过程，让销售人员对产品销售过程中可能存在的问题有充分准备，提高销售成功率。

（7）增强市场部与销售总监的规划能力和意识，使其主动研究竞争对手，主动思考竞争策略；让销售人员能够针对不同的竞争对手提取卖点，灵活运用组合策略。

（8）转变营销人员的思想，让其意识到卖产品的重要性。

销售资源包可保持销售人员行为和业务的一致性和统一性，提升公司的形象，加强公司的市场营销竞争力。销售资源包是销售人员必备的武器，但要根据客户群的特点和市场竞争情况，编制有杀伤力的销售资源包是一个系统工程。在编制销售资源包之前需要学会应用两个重要模型——$APPEALS模型和FFAB模型。

第 7 章
$APPEALS 模型及其应用

企业的竞争，本质上是产品的竞争，因为产品的竞争能力往往直接决定最终的成败。可是从哪些方面来判断产品竞争力的强弱呢？如何预判企业的产品竞争力呢？

产品竞争力是指产品符合市场要求的程度，这种要求具体体现在消费者对产品各种竞争力要素的考虑和要求上。

产品最终是面向客户，被客户享用的，其竞争力的直接和重要评价者是消费者。因此，在评估产品竞争力要素的时候，须满足消费者的欲望和需求，从消费者的角度去制定产品竞争力影响要素，正确分析产品竞争力大小。本章通过使用 $APPEALS 模型，从客户角度来审视产品的竞争力。

7.1 $APPEALS 模型内涵

$APPEALS 模型是基于客户价值的产品概念，从客户角度来审视细分项目的竞争性，它使用客户欲望和需求框架，通过评价自身产品与竞争对手之间的差距，分析公司在细分市场或产品中的竞争地位。

$APPEALS 模型从 8 个维度对产品进行客户需求定义和产品定位：$—价格（美元符号 $），A—可获得性（Availability），P—包装（Packaging），P—性能（Performance），E—易用性（Easy to use），A—保证（Assurances），L—生命周期成本（Life cycle cost），S—社会接受程度（Social acceptance）。如图 7-1 所示。

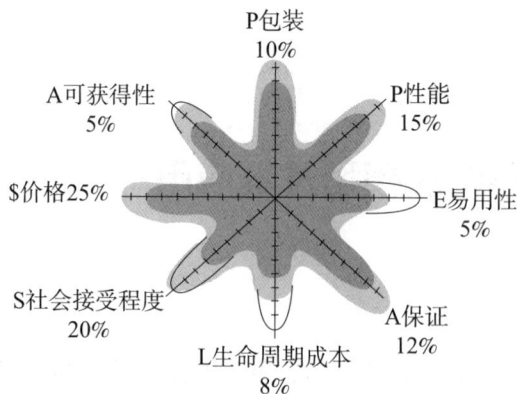

图 7-1 $APPEALS 模型的 8 个维度

$APPEALS 模型的 8 个指标的描述如表 7-1 所示。

表 7-1 $APPEALS 模型指标描述

指标	描述
$（价格）	表示消费者对于获得的合格产品或服务所愿意支付的价格；考虑的是所付出的价格，包括技术、原材料、劳动力、经验、自动化、简单性制造能力等
A（可获得性）	表示消费者的购买体验，更容易、更有效地考虑整个购买过程消费者的满意程度，包括售前技术支持和示范、购买渠道/偏好的供应商、送货时间、消费者定制能力等
P（包装）	表示设计质量、性能、外观的一种主观视觉属性，从消费者的角度考虑形式、设计等，包括风格、模块化、整体性、质地颜色、图形、工业设计等
P（性能）	表示消费者期望的产品性和功能，还要考虑实际的和消费者感知的产品性能和功能
E（易用性）	表示产品或服务易于使用方面的属性，如舒适、学习、文档、支持、人机交互、显示、感官输入/输出、界面、直观等
A（保证）	一般用于表示可靠、安全、品质，指的是消费者对该产品在可预见的条件下是否能够实现预定功能的担心程度评估，包括保证、证书、冗余设计、强度等属性
L（生命周期成本）	表示整个产品生命周期的使用成本，包括安装、培训、服务、供应、能耗、折让及报废处理成本等

指标	描述
S（社会接受程度）	表示影响购买决策的其他因素，从以下方面推动消费者作出购买决策：第三方专家的观点和意见、咨询顾问的观点和意见、形象、行业标准、规章制度、法律关系、产品可靠性等

$APPEALS 模型 8 个指标的影响因素如表 7-2 所示。

表 7-2　$APPEALS 模型 8 个指标的影响因素

$（价格）	A（可获得性）	P（包装）	P（性能）
●设计 ●可生产性 ●技术 ●材料 ●生产 ●供应商 ●制造 ●部件 ●人力成本 ●管理成本 ●装备 ●定价	●营销 ●销售 ●渠道 ●分销 ●交货期 ●广告 ●配置 ●选件 ●客户定制	●外形 ●尺寸、数量 ●几何设计 ●模块化 ●架构 ●表面 ●结构 ●标识 ●图形 ●内部、外部	●功能 ●吸引力 ●规格 ●功率 ●速度 ●容量 ●灵活性 ●多功能 ●尺寸
E（易用性）	A（保证）	L（生命周期成本）	S（社会接受程度）
●用户友好度 ●操纵控制 ●显示 ●人机交互 ●培训 ●文档 ●帮助系统 ●人性化因素 ●接口 ●操作	●可靠性 ●质量 ●安全性 ●误差幅度 ●完整性 ●强度 ●灵活性 ●动力 ●负荷量 ●冗余	●寿命 ●正常运行/停工时间 ●保险 ●责任 ●可维护性 ●服务 ●备件 ●迁移路径 ●标准化 ●基础设施 ●运转成本	●间接影响 ●顾问 ●采购代理商 ●标准组织 ●政府 ●社会认可程度 ●法律事宜 ●政治 ●股东 ●管理层 ●工人、工作场所

7.2 $APPEALS 模型使用方法

可参照 $APPEALS 模型流程，对产品竞争力进行评价，如图 7-2 所示。

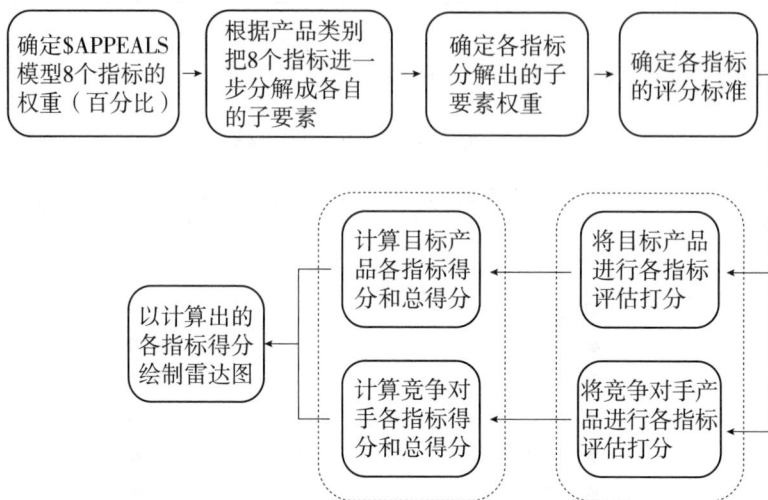

图 7-2　$APPEALS 模型流程

第一步，确定 $APPEALS 的 8 项指标的权重，即 a_1，a_2，$\cdots$，a_8。

$$\sum_{i=1}^{8} a_i = a_1 + a_2 + \cdots + a_8 = 100\%$$

每项指标会因行业、时间、区域的不同而不同。$APPEALS 模型中 8 个指标权重的确定可依据"721"原则。把这 8 个要素根据产品及行业的特点确定为基本需求指标 2 ～ 3 个，满意需求指标 2 ～ 3 个，吸引力指标 2 ～ 3 个，然后根据 70%、20% 和 10% 的权重将基本需求指标、满意需求指标和吸引力指标按照重要程度进行内部分解，确定每个指标的权重。最后再把每两个相邻指标进行比较，平衡各指标的权重。

第二步，根据产品的品类特点把 8 个指标进一步细化，分解成多个子要素，例如价格可分解为技术、材料、人力成本、管理成本等，可获得性可分解为渠道、交货期、广告、客户定制等。

第三步，以确定 8 个指标同样的方法，对第二步中分解的各指标的子要素分别配以权重。

$$\sum_{j=1}^{n} a_{ij}=a_{i1}+a_{i2}+\cdots+a_{ij}+\cdots+a_{in}=100\% \tag{7-1}$$

$i=1$，2，$\cdots$，8；$j=1$，2，3，$\cdots$，n；n 为子要素影响因素的数量。

第四步，确定各指标评分标准。各指标和子要素的评分标准可根据产品类别和打分习惯制定，一般分为优秀、良好、一般、差、不可接受 5 个等级。如表 7-3 所示。

表 7-3　$APPEALS 模型计算表

$APPEALS 数据计算（目标 / 竞争细分市场）								
评分标准	优秀：5		良好：4		一般：3		差：2	不可接受：1
$（价格）$a_1$			A（可获得性）a_2			P（包装）a_3		
子要素	权重	得分	子要素	权重	得分	子要素	权重	得分
技术	a_{11}	A_{11}	渠道	a_{21}	A_{21}	外形	a_{31}	A_{31}
材料	a_{12}	A_{12}	交货期	a_{22}	A_{22}	几何设计	a_{32}	A_{32}
人力成本	a_{13}	A_{13}	广告	a_{23}	A_{23}	模块化	a_{33}	A_{33}
……	……	……	……	……	……	……	……	……
管理费用	a_{1n}	A_{1n}	客户定制	a_{2n}	A_{2n}	结构	a_{3n}	A_{3n}
初得分	100%	B_1		100%	B_2		100%	B_3
权重后得分		C_1			C_2			C_3
P（性能）a_4			E（易用性）a_5			A（保证）a_6		
子要素	权重	得分	子要素	权重	得分	子要素	权重	得分
功能	a_{41}	A_{41}	操纵控制	a_{51}	A_{51}	质量	a_{61}	A_{61}
功率	a_{42}	A_{42}	显示	a_{52}	A_{52}	安全	a_{62}	A_{62}
……	……	……	……	……	……	……	……	……
尺寸	a_{4n}	A_{4n}	帮助系统	a_{5n}	A_{5n}	冗余	a_{6n}	A_{6n}

续表

$APPEALS 数据计算（目标 / 竞争细分市场）								
评分标准	优秀：5		良好：4		一般：3		差：2	不可接受：1
P（性能）a_4			E（易用性）a_5			A（保证）a_6		
初得分	100%	B_4		100%	B_5		100%	B_6
权重后得分		C_4			C_5			C_6
L（生命周期成本）a_7			S（社会接受程度）a_8					
子要素	权重	得分	子要素	权重	得分			
寿命	a_{71}	A_{71}	标准组织	a_{81}	A_{81}			
服务	a_{72}	A_{72}	法律事宜	a_{82}	A_{82}			
……	……	……	……	……	……			
运转成本	a_{7n}	A_{7n}	股东	a_{8n}	A_{8n}			
初得分	100%	B_7		100%	B_8			
权重后得分		C_7			C_8			

第五步，一般针对某一个子要素，以对比的方式分别对目标产品和竞争对手产品打分，打分即为 A_{ij}，A_{ij} 的范围为 $1 \sim 5$ 分。

第六步，计算目标产品各指标得分和总得分，以及竞争对手产品各指标得分及总得分。

$$B_i = \sum_{j=1}^{n} a_{ij} \times A_{ij} = a_{i1} \times A_{i1} + a_{i2} \times A_{i2} + \cdots + a_{ij} \times A_{ij} + \cdots + a_{in} \times A_{in} \qquad （7-2）$$

$$C_i = a_i \times B_i \qquad （7-3）$$

$$D=\sum_{j=1}^{8}C_i=C_1+C_2+\cdots+C_i+C_n+\cdots+C_8 \qquad (7-4)$$

可参照式（7-2）、式（7-3）、式（7-4），其中 B_i 为各指标的初得分，C_i 为其乘以 8 个指标的权重后的得分，D 为目标产品或竞争对手产品的竞争力总得分。

第七步，根据统计的得分绘制客户需求雷达图，如图 7-3 所示。

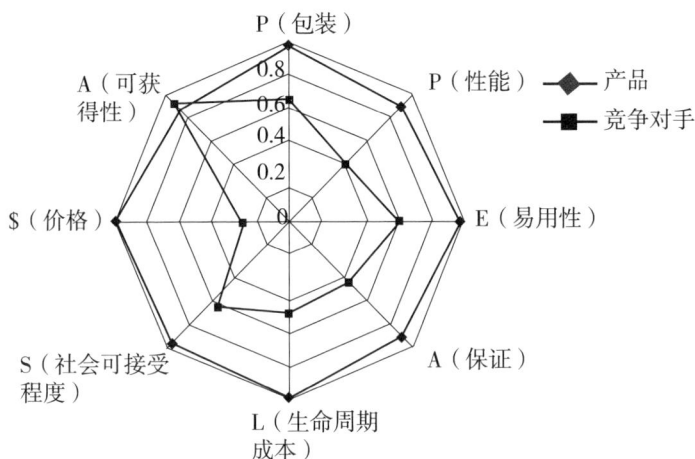

图 7-3　客户需求雷达图

7.3　$APPEALS 模型应用

R 公司成立于 1992 年，位于四川东部某地级市。公司致力于为工业应用中的各类机械和系统设备提供安全、精准、高效以及高性价比的流体控制系统解决方案。其主要产品包括系列稀油集中润滑系统、系列干油集中润滑系统、系列液压控制系统及元件、能源化工容器及电站辅机。公司产品广泛应用于建材水泥、冶金矿山、电力、石油化工、工程机械等多个行业。

7.3.1　R 公司的销售现状

多年来，R 公司的销售面临如下问题。

（1）销售人员面向客户单打独斗，中后台没有配合与支持，比如售前的技术支持、研发，甚至交付都是被动响应销售需求，这样就变成了只有一个人的销售，或者是销售部门的销售。

（2）公司对市场环境的研究较少，只有"销"，没有"营"；润滑行业的市场容量有限，公司对主打产品可以销售到哪些行业/客户群不确定，每个客户群所关注的关键因素不够清晰。

（3）公司市场和销售人员对每种产品的竞争对手了解很少，更没有研究主要竞争对手，不清楚自己产品与竞争对手相比较存在的优劣势。

（4）销售人员对产品不熟悉，只做"关系"，不做"产品"。销售人员在做业务时，注重与客户搞关系，与竞争对手拼价格，把丢单的主要原因归结于价格高或回扣少。

（5）依赖"销售大拿"做业绩，整个销售团队缺乏战斗力，一旦销售核心人员离职，客户就可能丢失，存在业绩直线下滑的风险。

通过对以上问题的思考及分析，公司高层决定开展销售资源包建设项目，打造系统的销售资源包体系和强大的营销队伍。

7.3.2 项目的 $APPEALS 模型构建过程

1. 产品维度重要性分析

根据行业特点，对所分析产品的 $APPEALS 模型的 8 个指标进行重要性分析，得出本公司产品不同指标的权重，如表 7-4 所示。

表 7-4　R 公司主打产品的 $APPEALS 模型各指标的权重

指标	权重 /%
价格	25
社会接受程度	20
性能	15
保证	12
包装	10
生命周期成本	8

指标	权重 /%
易用性	5
可获得性	5
合计	100

2. 二级指标的分解

根据公司产品所处的行业特点，构建 $APPEALS 模型 8 个指标的二级指标体系。例如，价格指标的二级指标为设备购买价、付款方式、其他优惠（备品、备件价格）、售后服务和培训费、运输费等。这些指标决定了 R 公司的产品所处行业的价格。

3. 二级指标的权重分解

根据行业特点和主打产品的客户需求，构建每个指标二级指标的重要程度权重，如表 7-5 所示。

表 7-5　R 公司主打产品的 $APPEALS 模型构建表

指标	二级指标	权重 /%	加权权重
价格	设备购买价	66	16.50
	付款方式	15	3.75
	其他优惠（备品、备件价格）	2	0.50
	售后服务和培训费	5	1.25
	运输费	12	3.00
	总体	100	25.00
可获得性	渠道	10	0.50
	交货及时性	35	1.75
	调试时间（服务人员到位）	55	2.75
	总体	100	5.00

指标	二级指标	权重 /%	加权权重
包装	运输包装（方便起吊）	5	0.50
	防尘、防潮	5	0.50
	外观（油漆、焊缝、光洁度）	40	4.00
	人性化设计（人孔盖、消泡装置）	45	4.50
	结实（机器、外包装）	5	0.50
	总体	100	10.00
性能	过滤精度	15	2.25
	压力（流量）	15	2.25
	智能性	15	2.25
	节能性	2	0.30
	换热面积	15	2.25
	温度控制	15	2.25
	稳定性	23	3.45
	总体	100	15.00
易用性	易于维护、维修	60	3.00
	环境实用性（高原、高温、低温）	10	0.50
	操作方便性（符合操作习惯）	10	0.50
	设备资料的完备性	15	0.75
	易安装性	5	0.25
	总体	100	5.00
保证	保修服务性（运行时间）	15	1.80
	可靠性（售后服务、服务及时性、无故障时间）	50	6.00
	使用年限	5	0.60
	安全性	30	3.60
	总体	100	12.00

指标	二级指标	权重 /%	加权权重
生命周期成本	维护费用	30	2.40
	易损件费用	50	4.00
	运营成本（节能性）	10	0.80
	售后服务费用	10	0.80
	总体	100	8.00
社会接受程度	品牌（业绩）	45	9.00
	政策（专利、产业政策符合度）	18	3.60
	行业排名、市场占有率	15	3.00
	促销活动（主机装备展会、行业媒体广告）	10	2.00
	资质	12	2.40
	总体	100	20.00

4. 各项指标的竞争力打分

对各项二级指标进行打分是为了系统地从多个方面将公司产品与竞争对手产品进行一一比较，从而制定出合理且具有针对性的市场竞争策略。

通过市场人员和销售人员的讨论，R 公司主打产品的竞争对手主要有 3 个，分别是竞争对手 1、竞争对手 2、竞争对手 3。

竞争力打分，就是针对 $APPEALS 模型二级指标，根据竞争力的大小给 R 公司和 3 个竞争对手分别打分。

打分规则如下。

（1）站在最终消费者的角度作出客观评价。为了得到真实有效的数据，可通过销售人员征求客户意见后填写。

（2）主要通过数字评分来表示各产品二级指标的情况，最好的 10 分，最差的 1 分。比如价格这一栏，如果 R 公司的产品价格为 5 万元，竞争对手 1 的产品为 5.5 万元，竞争对手 2 的产品为 4.5 万元，竞争对手 3 的产品为 4 万元，那么R公司为7分，竞争对手1为6分，竞争对手2为8分，竞争对手3为9分。

5. 竞争力得分计算

产品的竞争力得分就是8个指标得分之和。其中每个指标的得分是每个二级指标的加权权重乘以打分之和，再除以10。如表7-6所示。

表7-6 R公司主打产品竞争优劣势分析

指标	二级指标	权重/%	加权权重	竞争对手1打分	竞争对手1得分	竞争对手2打分	竞争对手2得分	R产品打分	R产品得分	竞争对手3打分	竞争对手3得分
价格	设备购买价	66	16.50	9	149	9	149	7	116	7	116
	付款方式	15	3.75	8	30	9	34	7	26	7	26
	其他优惠（备品、备件价格）	2	0.50	8	4	8	4	8	4	8	4
	售后服务和培训费	5	1.25	8	10	7	9	8	10	7	9
	运输费	12	3.00	8	24	8	24	8	24	8	24
	总体	100	25.00		22		22		18		18
可获得性	渠道	10	0.50	7	4	5	3	9	5	5	3
	交货及时性	35	1.75	8	14	8	14	8	14	8	14
	调试时间（服务人员到位）	55	2.75	8	22	8	22	8	22	7	19
	总体	100	5.00		4		4		4		4
包装	运输包装（方便起吊）	5	0.50	8	4	8	4	8	4	8	4
	防尘、防潮	5	0.50	8	4	8	4	8	4	8	4
	外观（油漆、焊缝、光洁度）	40	4.00	8	32	7	28	9	36	9	36

指标	二级指标	权重 /%	加权权重	竞争对手1打分	竞争对手1得分	竞争对手2打分	竞争对手2得分	R产品打分	R产品得分	竞争对手3打分	竞争对手3得分
包装	人性化设计（人孔盖、消泡装置）	45	4.50	8	36	6	27	8	36	7	32
	结实（机器、外包装）	5	0.50	7	4	7	4	7	4	7	4
	总体	100	10.00		8		7		8		8
性能	过滤精度	15	2.25	8	18	8	18	8	18	8	18
	压力（流量）	15	2.25	8	18	8	18	8	18	8	18
	智能性	15	2.25	8	18	8	18	8	18	8	18
	节能性	2	0.30	8	2	8	2	8	2	8	2
	换热面积	15	2.25	8	18	8	18	8	18	8	18
	温度控制	15	2.25	8	18	8	18	8	18	8	18
	稳定性	23	3.45	8	28	7	24	9	31	8	28
	总体	100	15.00		12		12		12		12
易用性	易于维护、维修	60	3.00	7	21	7	21	7	21	7	21
	环境实用性（高原、高温、低温）	10	0.50	7	4	7	4	7	4	7	4
	操作方便性（符合操作习惯）	10	0.50	7	4	7	4	7	4	7	4
	设备资料的完备性	15	0.75	9		8		8		8	
	易安装性	5	0.25	7	2	7	2	7	2	7	2
	总体	100	5.00		3		3		3		3

续表

指标	二级指标	权重/%	加权权重	竞争对手1打分	竞争对手1得分	竞争对手2打分	竞争对手2得分	R产品打分	R产品得分	竞争对手3打分	竞争对手3得分
保证	保修服务性（运行时间）	15	1.80	8	14	8	14	8	14	8	14
	可靠性（售后服务、服务及时性、无故障时间）	50	6.00	8	48	7	42	9	54	7	42
	使用年限	5	0.60	8	5	8	5	8	5	8	5
	安全性	30	3.60	8	8	8	8	8	8	8	29
	总体	100	12.00		8		7		8		9
生命周期成本	维护费用	30	2.40	8	19	8	19	8	19	8	19
	易损件费用	50	4.00	6	24	7	28	6	24	7	28
	运营成本（节能性）	10	0.80	7	6	7	6	7	6	7	6
	售后服务费用	10	0.80	6	5	6	5	6	5	6	5
	总体	100	8.00		5		6		5		6
社会接受程度	品牌（业绩）	45	9.00	7	63	6	54	9	81	7	63
	政策（专利、产业政策符合度）	18	3.60	8	29	7	25	9	32	8	29
	行业排名、市场占有率	15	3.00	7	21	6	18	9	27	7	21

指标	二级指标	权重/%	加权权重	竞争对手1打分	竞争对手1得分	竞争对手2打分	竞争对手2得分	R产品打分	R产品得分	竞争对手3打分	竞争对手3得分
社会接受程度	促销活动（主机装备展会、行业媒体广告）	10	2.00	8	16	8	16	8	16	8	16
	资质	12	2.40	7	17	6	14	8	19	8	19
	总体	100	20.00		15		13		18		15
总得分					76		72		77		74

以价格为例，竞争对手 1 的价格竞争力的计算过程如下。

竞争对手 1 的价格竞争力得分 =（设备购买价权重 ×25%× 打分＋付款方式权重 ×25%× 打分＋其他优惠权重 ×25%× 打分＋售后服务和培训费权重 ×25%× 打分＋运输费权重 ×25%× 打分）/10

C_1=（ 66×25%×9+15×25%×8+2×25%×8+5×25%×8+12×25%×8 ）/10=22

同理，求得 C_2=22，C_3=18，C_R=18。

以此类推，求得其他 7 个指标的竞争力得分，并进一步求得每个公司产品的综合竞争力得分。

6. 制定个性化的市场竞争策略

根据以上的 $APPEALS 模型比较分析，得出了 R 公司主打产品与 3 个竞争对手分别在 8 个指标上的优势和劣势，以此进一步制定相应的竞争策略。R 公司产品的总体策略和注意事项，为销售资源包各个成果的制定提供支撑和依据。R 公司针对竞争对手 3 的市场竞争策略如表 7-7 所示。

表 7-7　R公司针对竞争对手3的市场竞争策略

内容	指标	优势	劣势	相当	主要竞争策略
R公司与竞争对手3的比较	价格25%			购买价、付款方式基本相当，运费都包含在报价中	强调公司在水泥行业的业绩和品牌知名度，降低客户对价格的关注度；可采取运费和购买价分开报价的策略，特别是对于那些路程较远的客户，可采用差异化报价方式
	可获得性5%	营销渠道/营销网络健全，分布广；服务及时性好，服务网络健全		交货及时性相当	在竞争中充分发挥公司营销网络健全的优势，获得客户的真实需求；对客户强调公司营销网络、服务网络健全，可以为以后的服务及时性提供保障
	包装10%	内在质量有保障；人性化设计		运输包装、防尘防潮和外观设计相当	强调公司产品的人性化设计，例如人孔盖和消泡装置等
	性能15%	稳定性好		润滑功效、节能性和智能控制相当	强调公司的产品稳定性好，并通过FFAB模型大力宣传产品的稳定性，给客户带来的好处，以及在行业内的业绩好
	易用性5%			维修、维护、环境的适应性都基本相当	强调公司产品在行业的业绩，强调公司更熟悉水泥行业对产品的要求

内容	指标	优势	劣势	相当	主要竞争策略
R 公司与竞争对手 3 的比较	保证 12%	售后服务及时、专业		安全性使用年限相当	强调公司的服务网络健全，服务理念及及时性好，并举例说明
	生命周期成本 8%			运营成本、服务费用相当	不主动提起此指标，客户先提出时承认与竞争对手不相当，但也没有劣势
	社会接受程度 20%	有专利产品（补偿装置），业绩好（90%），市场占有率高	综合品牌略低（行业拓展面高一些）	促销活动和资质相当	重点宣传公司在水泥行业的销售业绩好，行业市场占有率高
我方卖点	营销网络健全，分布广，服务及时性好；产品的人性化设计走在行业的前列；产品的稳定性好；在水泥行业的销售业绩第一，市场占有率达到了 90% 以上；有专利产品（补偿装置）				
注意事项	在与客户的交流沟通中，不要只谈价格，而要注重谈性价比，不要把公司的产品等同于国内一般公司的产品，公司不和竞争对手拼价格，而是注重产品质量和产品的稳定性；强调公司的品牌、业绩和产品的稳定性；宣传产品是中高档产品，立志进入国际市场，成为国际知名品牌				

R 公司针对竞争对手 1 的市场竞争策略如表 7-8 所示。

表 7-8　R 公司针对竞争对手 1 的市场竞争策略

内容	指标	优势	劣势	相当	主要竞争策略
R 公司与竞争对手 1 的比较	价格 25%		购买价相对较高，付款方式不灵活	运费和备件等都是免费的	强调公司在水泥行业的业绩和品牌知名度，降低客户对价格的关注度；对于战略客户可适当降价，但是不要一味拼价格；可采取运费和购买价分开报价的策略，特别是对于那些路程较远的客户，可采用差异化报价方式
	可获得性 5%	营销渠道/营销网络健全，分布广；服务及时性好，服务网络健全		交货及时性和调试人员到位及时性相当	在竞争中充分发挥公司营销网络健全的优势，获得客户的真实需求；对客户强调公司营销网络、服务网络健全，可以为以后的服务及时性提供保障
	包装 10%	外观（油漆、焊缝、光洁度）好；内在质量有保障		运输包装、防尘防潮和人性化设计相当	强调公司注重产品质量，有将产品做成精品的理念，例如油漆、焊缝、光洁度等品质高
	性能 15%	稳定性好		润滑功效、节能性和智能控制相当	强调公司的产品稳定性好，并通过 FFAB 模型大力宣传产品的稳定性，以及给客户带来的好处
	易用性 5%		设备资料的完整性较差	维修、维护、环境的适应性都基本相当	强调公司产品在行业的业绩，强调公司更熟悉水泥行业对产品的要求；对于完备的设备资料给予承诺；另外，销售人员自己可送给客户一套设备资料

内容	指标	优势	劣势	相当	主要竞争策略
R公司与竞争对手1的比较	保证 12%	售后服务及时、专业		安全性、使用年限相当	强调公司的服务网络健全、服务理念及及时性好，并举例说明
	生命周期成本 8%			运营成本、服务费用相当	因为生命周期成本在润滑行业的比重很小，并且几个竞争对手基本差不多，客户不提，自己不要主动讲
	社会接受程度 20%	有专利产品（补偿装置）；业绩好（90%），市场占有率高；资质好		促销活动相当	重点宣传公司在水泥行业的销售业绩好，达到了90%以上，行业市场占有率高；资质好，行业内的信誉好；品牌知名度高
我方卖点	营销网络健全，分布广，服务及时性好；产品的外观好，内在质量有保障，公司有打造精品的理念；产品的稳定性好；在水泥行业的销售业绩第一，市场占有率达到了90%以上；有专利产品（补偿装置）；资质好				
注意事项	在和客户的交流沟通中，不要重点谈价格，不要把公司的产品等同于国内一般公司的产品，公司不和竞争对手拼价格，而是注重产品质量，有打造精品的理念；强调公司的品牌、业绩和产品的稳定性；宣传公司的产品是中高档产品，立志进入国际市场，成为国际知名品牌				

R公司针对竞争对手2的市场竞争策略如表7-9所示。

表7-9 R公司针对竞争对手2的市场竞争策略

内容	指标	优势	劣势	相当	主要竞争策略
R公司与竞争对手2的比较	价格25%	售后服务好、培训费比较低	购买价高、付款方式不灵活	运费和备件等都是免费的	强调公司在水泥行业的业绩和品牌知名度，降低客户对价格的关注度；对于战略客户可适当降价，但是不要一味拼价格；可采取运费和购买价分开报价的策略，特别是对于那些路程较远的客户，可采用差异化报价方式；强调公司售后服务、培训的优势
	可获得性5%	营销渠道/营销网络健全，分布广；服务网络健全		交货及时性和调试人员到位及时性相当	在竞争中充分发挥自己营销网络健全的优势，获得客户的真实需求；对客户强调公司营销网络、服务网络健全，可以为以后的服务及时性提供保障
	包装10%	外观好（油漆、焊缝、光洁度）好；设计人性化		运输包装、防尘防潮相当	强调公司注重产品质量，有把产品做成精品的理念；强调公司产品的人性化设计，例如人孔盖和消泡装置等设计科学、合理
	性能15%	产品的稳定性好		润滑功效、节能性和智能控制相当	强调公司的产品稳定性好，并通过FFAB模型大力宣传产品的稳定性，以及能给客户带来什么好处
	易用性5%			维修、维护、环境的适应性都基本相当	强调公司产品在行业的业绩，强调公司更熟悉水泥行业对产品的要求；对于完备的设备资料给予承诺，可送给客户一套设备资料

内容	指标	优势	劣势	相当	主要竞争策略
R 公司与竞争对手 2 的比较	保证 12%	售后服务及时、专业		安全性、使用年限相当	强调公司的服务网络健全、服务理念及及时性好，并举例说明
	生命周期成本 8%		易损件费用比较高（价格高）	运营成本、服务费用相当	易损件价格高，但是质量比较好，有保障，说明公司的易损件相对于竞争对手来说，更换的频率更低，对客户更合适
	社会接受程度 20%	有专利产品（补偿装置）；业绩好（90%），市场占有率高；资质好		促销活动相当	重点宣传公司在水泥行业的销售业绩好，行业市场占有率高；资质好，行业内的信誉好；品牌知名度高
我方卖点	营销网络健全，分布广，服务及时性好；产品的外观好，内在质量有保障，公司有打造精品的理念；产品的人性化设计走在行业的前列，并且产品的稳定性好；在水泥行业的销售业绩第一，市场占有率达到了 90% 以上；有专利产品（补偿装置）；资质好				
注意事项	在和客户的交流沟通中，不要重点谈价格，公司不和竞争对手拼价格，而是注重产品质量，有打造精品的理念；强调公司的品牌、业绩和产品的稳定性；宣传公司的产品定位是中高档产品，立志进入国际市场，成为国际知名品牌				

第8章
产品功能实现路径矩阵与 FFAB 模型

8.1 FFAB 模型内涵

案例分享

　　小李计算机的鼠标没电了，于是他到商店里买新电池。柜台里有两种电池，一种是国产电池，另一种是进口电池，进口电池比国产电池的价格贵一倍。小李犹豫了，不知是买进口电池好还是买国产电池好。这时售货员过来了，拿出一个国产电池和一个进口电池，在手上掂了掂后，说："先生您看，这个进口电池非常重。"售货员暗示买进口电池每分钟花的钱更少。"重"就是技术功能、特点与客户花钱少的桥梁。

　　研发对于公司可持续发展非常重要，但因为研发人员直接与客户交流的机会较少，并且研发人员的技术实现模型与用户心理模型的思维逻辑不一样，这样就有可能出现研发人员的"技术语言"与客户的"客户语言"不一样，甚至出现需求脱节的现象。

　　一个产品的价值绝不在于它有多少功能点，而在于为客户解决了什么问题，创造了多少价值或者节省了多少成本。客户的使用场景不同，需要解决的问题也不一样，如何向客户宣传并使客户信服呢？

　　一方面产品研发团队不知道产品未来的发展方向，无法先于客户需求去研发产品引领客户；另一方面运维项目组产品经理和市场营销人员为了在激烈的市场竞争中突出自己的产品，每年都在痛苦地"创造需求"，而研发人员疲于应付所谓的"客户需求"，沉迷于开发各种功能，这样便陷入了一种怪圈。

如何架起研发人员的功能开发与解决客户需求或痛点之间的桥梁呢？FFAB 模型就是一个连接"技术语言"与"客户语言"的纽带或桥梁。

FFAB 模型是一个把产品的技术（功能）特点转换为产品卖点的工具，反过来，也可以把客户产品的利益需求点转换为技术功能点。

F（Function）指产品的属性。

F（Feature）指产品的功能、特殊的卖点。

A（Advantage）指产品的作用。

B（Benefit）指产品能给客户带来的好处。这一点是客户最关心，也是最重要的，一定要把握住客户心里想要的东西。

按照这样的顺序来介绍，就是说服性演讲的结构，它达到的效果就是让客户相信你的产品是最好的。

FFAB 模型是将产品的特点与客户的利益连接起来的方法，把技术特点转化为客户的利益，形成产品的卖点。如图 8-1 所示。

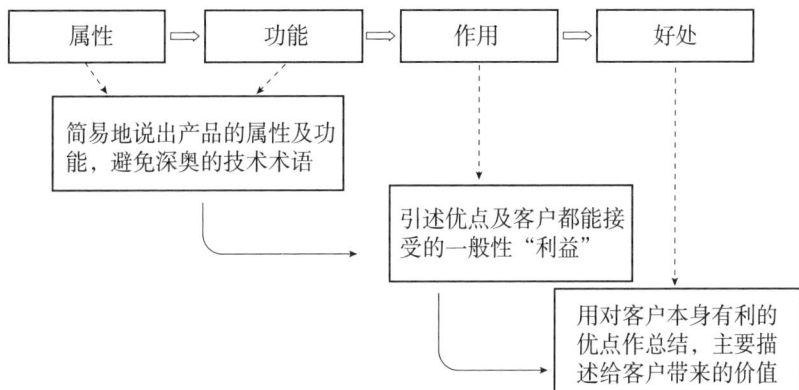

图 8-1　FFAB 模型各要素之间的关系

1. 属性（Feature）

是指产品或解决方案的特点，这些功能需要什么技术（属性）支持。人们经常把它翻译成特征或特点，很多销售人员至今还把它翻译成特征或特点。特征就是区别于竞争对手的地方，当销售人员介绍产品优点并将其与竞争对手的产品进行比较时，会让客户产生一定的抵触情绪。不应把 Feature 翻译成特征或特点，而应翻译成属性，即你的产品所包含的客观现实，所具有的属性。比如讲台是木头做的，这就是产品所包含的某项客观现实，所具有的属性。

2. 功能（Function）

是指解决客户的问题或痛点需要的功能，是因属性而带来的功能。功能在这里不仅仅直接强调产品的目的和用途，还强调产品所包含的属性导致的产品所具有的突出功能，例如某茶杯具有耐高温的功能，其原因是该茶杯采用了耐高温塑料。

3. 作用（Advantage）

很多销售人员把 Advantage 翻译成优点，优点是该产品比竞争对手好的方面，这自然会让客户产生更大的抵触情绪，因为我们所面临的竞争对手非常多，相似的产品也很多，我们的产品不可能比所有的产品都好。实际上，在销售中把 Advantage 翻译成作用会更好一些，这个作用更多地理解为我们产品的作用，即它能够给客户带来哪些用处。例如，茶杯采用耐高温塑料，即使装很烫的开水也不会炸裂。

4. 好处（Benefit）

是指为客户解决了哪些问题，给客户带来了哪些利益。比如，茶杯采用耐高温塑料的好处是普通玻璃杯盛放开水时非常容易炸裂，危及人身安全，使用该茶杯就可以避免这样的事故。

以该茶杯为例，FFAB 模型这样解释：这个茶杯采用耐高温塑料，具有耐高温功能，即使装很烫的开水也不会炸裂，保护您和孩子的人身安全。这样的逻辑结构是说服性演讲的结构，只有这样的结构才能让客户觉得产品满足了他的需求，并且愿意购买。

FFAB 模型的价值逻辑：

F→F 将"技术语言"转化为"客户语言"；

F → A 将"客户语言"转化为产品的优点；

A → B 将产品的优点转化为客户的好处。

FFAB 模型的含义如图 8-2 所示。

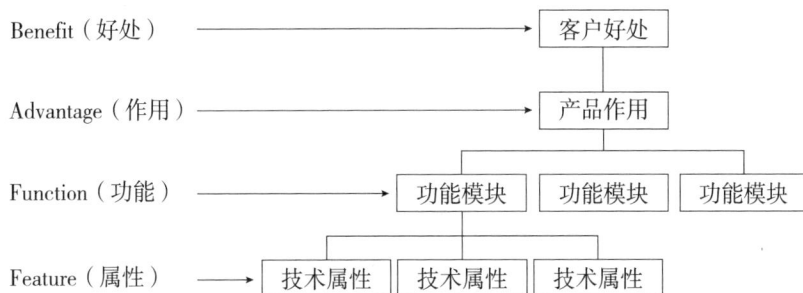

图 8-2 FFAB 模型的含义

8.2 基于 FFAB 模型的产品卖点挖掘

有的产品经理或市场销售人员因为不懂技术，所以即使知道自己产品的优点非常有说服力，但就是不知道如何说服客户。如何把技术人员的技术实现模型转换成客户的用户心理模型能接受的语言呢？ FFAB 模型就能起到这个转换器的作用。好的做法是把产品经理、销售人员和技术开发人员聚在一起共同制作完成产品的 FFAB 模型，具体方法如下。

（1）构建产品的 FFAB 模型，就是建立 FF、AF 和 BA 三个区域相关联的"¬"模型，可在 Excel 表格中建立。

（2）首先以产品研发的技术人员为主，尽量多地找出本产品关键的技术属性 F（Feature）。例如某公司稀油站设备的主要技术属性有三维立体软件设计、数控火焰切割机、抛丸机、万能弯管机、产品整体烤漆、金属盘式切割机等，将其填写在 FFAB 模型的第三个区域 FF 中。

（3）包括技术人员、产品经理和市场人员在内的全体人员讨论确定完成 FFAB 模型的第三个区域 FF。首先找出某一项技术属性 F（Feature）可能产生的产品功能 F（Function），例如"加热器不结碳"这项技术属性会产生"油品清洁度好"这项产品功能，然后以此类推完成整个 FF 区域，如图 8-3 所示。

图 8-3　FFAB 模型的 FF 区域

（4）用同样的方法，讨论确定完成 FFAB 模型的第二个区域 AF，即选取某一项产品的哪些功能 F（Function）会形成哪些产品作用 A（Advantage），然后继续找出其他的产品功能形成的产品作用，最终完成整个 AF 区域。例如，稀油站设备的"油品清洁度好"功能会产生"增加油品使用寿命"这项产品作用。如图 8-4 所示。

图 8-4　FFAB 模型的 AF 区域

（5）同理，讨论确定完成 FFAB 模型的第一个区域 BA，即选取某一项产品的某一项作用 A（Advantage）会形成哪些产品客户群更关注的好处 B（Benefit）然后继续找出其他项的作用分别形成的客户群关注的好处，最终完成整个 BA 区域。例如，稀油站设备的"增加油品使命寿命"这项作用会形成"主机的使用寿命长"这项客户群关注的好处。如图 8-5 所示。

保证设备故障率小	安全	便于设备清洁	美观	便于维修	主机的使用寿命长	减少系统污染（减少换油）	减少换油	节能	减少运行成本、使用时间长	操作简单（人孔盖、过滤器切换）	好处（B）　作用(A)
		■									箱体圆弧设计
						■					恒流恒压
		■								■	切口表面光滑
				■							油漆硬度高、光亮
						■	■				不漏水、油
			■								外形设计美观
■											防尘防水
				■					■		过滤器切换方便
								■			换热效率高
■											油箱防腐，不掉漆
				■							部件互换性好
					■						保证主机油膜厚度
					■						恒温控制
	■										球阀
					■						增加油品使用寿命

图 8-5　FFAB 模型的 BA 区域

（6）依据产品定位、产品精神等指定的产品宣传方向和重点，系统梳理评估通过 FFAB 模型 BA、AF 和 FF 三个区域推导出来的客户群关注的利益点 B（Benefit），并分析评估哪些客户群关注的好处在市场竞争中具有比较好的竞争力，甚至分析能否进行新品类的挖掘。利用关键因素评价排序方法，对客户群关注的好处进行评价打分，找出最具有竞争力的好处，进行产品广告语、宣传资料的开发。例如，通过稀油站设备挖掘出来的客户群更关注的利益点 B（Benefit）有主机的使用寿命长、保证设备故障率小、安全、便于设备清洁、美观、便于维修、减少系统污染（减少换油）等 11 项，其中通过评价确认主机的使用寿命长是客户最关注的好处，然后根据 FFAB 模型，梳理出主机使用寿命长的逻辑关系图，如图 8-6 所示。

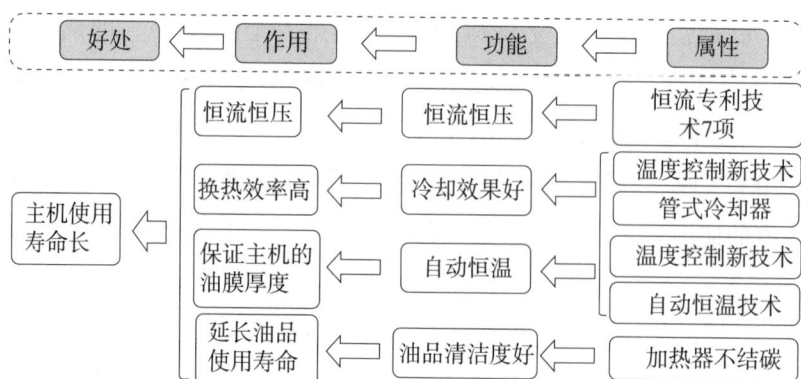

图 8-6　主机使用寿命长的逻辑关系

8.3　基于 FFAB 模型的新产品开发路径

一个公司的研发往往存在以下几个问题：一是研发前瞻性不足，存在技术方向和研发重心不明确，经常来回变动的现象；二是研发团队难以确认产品技术研发的技术属性，部分研发成员工作无法连续进行，很多研发工作是被动的，一直处于"救火"状态；三是缺乏系统化的产品规划方法论和开发思考路径，新技术、新工艺的研发存在盲目性；四是经常出现局限于技术，忽略了营销、产品、测试等问题，缺乏系统思维能力，导致部门间的协调不顺畅。

为了让产品研发少走弯路，本书构建了基于 FFAB 模型的新产品开发路径。

（1）构建产品的 FFAB 模型，就是建立 BA、AF 和 FF 三个区域相关联的"冖"模型，可在 Excel 表格中建立。

（2）首先以销售人员和产品经理为主，确定本产品的目标客户群，采用头脑风暴法，依据产品定位、产品精神等相关理论，尽量多地找出该产品客户群关注的好处 B（Benefit），填写在 FFAB 模型的第一个区域 BA 中的。

（3）讨论确定完成 FFAB 模型的第二个区域 AF。

（4）讨论确定完成 FFAB 模型的第三个区域 FF。

（5）系统梳理评估通过 FFAB 模型 BA、AF 和 FF 三个区域推导出来的每项产品技术属性 F（Feature），评估哪些技术属性已经具备，哪些技术需要投入资源进行攻关；估算每项技术属性攻克的时间与投入资金，并进行评价排序；最后，可按照产品线规划理论进行产品线开发的目标规划，分步骤开发与投入市场。例如，稀油站设备主机使用寿命长的技术属性 F（Feature）共有恒流专利技术 7 项、温度控制新技术、管式冷却器、自动恒温技术、加热器不结碳 5 项，其中恒流专利技术 7 项、自动恒温技术、加热器不结碳 3 项已经具备，那么温度控制新技术和管式冷却器两项技术属性就是要集中技术研发人员进行攻关的新技术。这样既为公司新产品开发指明了方向，也为技术开发人员指明了技术研发的方向。

FFAB 模型使用范例如图 8-7 所示。

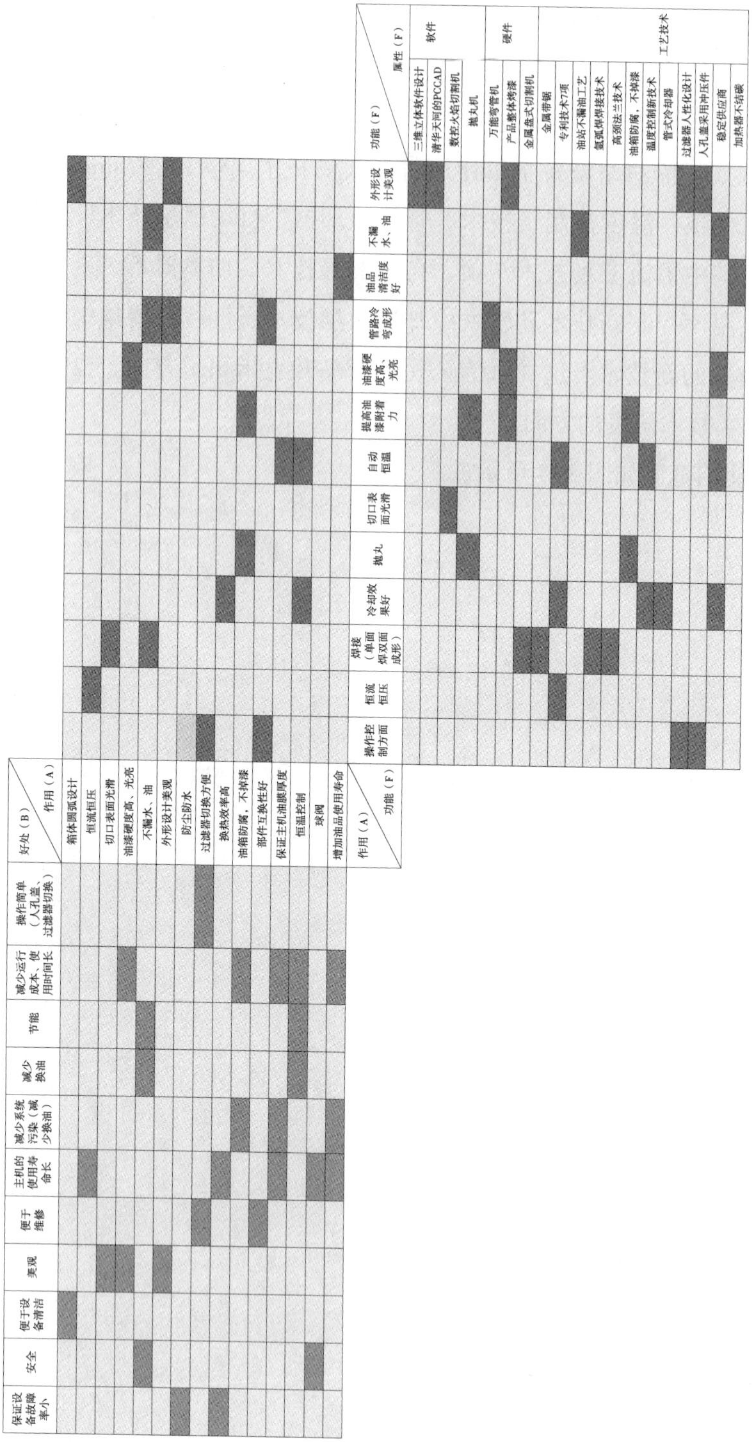

图 8-7 FFAB 模型使用范例

属性（F）

软件
- 三维立体软件设计
- 清华天河的 PCAD
- 数控火焰切割机
- 抛丸弯管机

硬件
- 产品整体喷漆
- 金属含尤切割机
- 金属带锯

工艺技术
- 专利技术刀具
- 油站不隔油工艺
- 氩弧焊焊接技术
- 高频滚丝技术
- 油箱防锈、不神油漆
- 温度控制新技术
- 管冷水冷却器
- 过滤器人性化设计
- 人孔盖采用冲压件
- 稳定供应定
- 加热器不冶碳

功能（F）
- 操作控制方面
- 焊接（单面焊双面成形）
- 恒温恒压
- 冷却效果好
- 抛丸
- 切口表面光滑
- 自动恒温
- 提高油漆附着力
- 油漆硬度高、光亮
- 管路冷弯成形
- 油品清洁度好
- 不漏水、油
- 外形设计美观

好处（B）
- 箱体圆弧设计
- 恒流恒压
- 切口表面光滑
- 油漆硬度高、光亮
- 不漏水、油
- 外形设计美观
- 防尘防水
- 过滤器切换方便
- 换热效率高
- 油箱防锈、不神油漆
- 部件互换性好
- 保证主机油膜厚度
- 恒温控制
- 球阀
- 增加油品使用寿命

作用（A）
- 保证设备故障率小
- 安全
- 便于设备清洁
- 美观
- 便于维修
- 主机的使用寿命长
- 减少系统污染（减少换油）
- 减少换油
- 节能
- 减少运行成本使用时间长
- 操作简单（人孔盖、过滤器切换）

第9章
销售资源包内容构建

工欲善其事，必先利其器。

销售资源包的主要内容包括7部分：常见销售问题、销售成功案例、产品销售指导书、产品商业模式设计、产品销售"一纸禅"、产品交流PPT、产品宣传视频。下面就从定义、作用、编制方法和范例等几个维度进行系统阐述，以帮助产品经理制定自己产品的销售资源包，为销售人员输送强有力的武器。

⚙ 9.1 常见销售问题

9.1.1 常见销售问题的内容

销售资源包中的常见销售问题主要包括商务问题、技术问题和产品问题。

商务问题主要是指客户所关心的与买卖商品服务相关的商业事务问题，如价格、付款方式、交货期等方面存在的问题。

技术问题主要是指如何利用科学原理生成可行的技术路线，最后实现产品功能的问题，如产品的功能、性能等方面存在的问题。

产品问题主要是指产品的质量问题，如内在质量、外观质量、社会质量和经济质量方面存在的问题。

产品的内在质量是指产品在生产过程中形成的商品本身固有的特性，包括产品实用性能、可靠性、寿命、安全与卫生等。它构成产品的实际物质效用，是最基本的质量要素。

产品的外观质量主要指产品的外表形态，包括外观构造、色彩、气味、手感和包装等，已成为人们选择产品的重要依据。

产品的社会质量是指产品满足全社会利益需要的程度，如是否违反社会道德，对环境造成污染，浪费有限资源和能源等。一种产品不管其技术如何进步，只要有碍于社会利益，就难以生存和发展。

产品的经济质量是指人们按其真实需要，希望以尽可能低的价格获得性能优良的产品，并且在消费或使用中付出尽可能低的使用和维护成本，即产品物美价廉的程度。

常见销售问题的收集工作由来自一线的销售人员完成。常见销售问题的标准化答案往往要经过讨论、完善后确定，能够回答客户的兴趣点和关注点。

9.1.2　常见销售问题范例

下面以 R 公司的稀油站设备为例，对常见销售问题及其标准化答案进行介绍。

1. 常见商务问题

（1）付款方式。

根据行业惯例采用 30% 预付款、60% 提货款、10% 质保金（2 万元以下合同不留质保金）的付款方式。

（2）销售业绩及产品的市场占有率。

R 公司是生产水泥行业润滑设备的龙头企业。国内水泥行业龙头企业海螺集团 60% 以上的稀油站设备采用 R 公司的产品，华新集团、冀东水泥等 70% 以上的稀油站设备采用 R 公司的产品。R 公司长期与天津水泥设计院、合肥水泥设计院、南京水泥设计院和成都水泥设计院等合作，拥有国内水泥行业润滑设备 60% 以上的市场占有率，同时产品出口到欧洲、美洲等地。

（3）产品的最低价格。

因为 R 公司的稀油站有很多专利技术，产品稳定性和安全性高，所以价格不是最低的，但是性价比一定高。其拥有优质的供应商及多种产品类型，有常规配置、增强配置、高档配置等供选择。

（4）产品质量、品牌效应及市场地位。

R 公司通过这几年的发展在行业内树立了较好的口碑，特别是在产品质量、售后服务、品牌效应等方面具有领先优势，在行业领域内具有较高的市场地位。

（5）产品售后服务。

R 公司在全国主要城市设有办事处，并且每个办事处配有售后服务人员。R 公司有一批业务素质高、技术过硬、经验丰富的专业售后服务人员。R 公司承诺接到客户电话 2 小时内予以答复，若需派人，则省内 12 小时内到达现场，省外 48 小时内到达现场。售后服务质量获得了海螺集团、华新集团、天津水泥设计院、合肥水泥设计院等的一致好评。

（6）配货周期。

常规配置 1 个月以内可以交货，增强配置（含设计）3 个月以内可以交货，高档配置（含进口件）4 个月以内可以交货。

2. 常见技术问题

（1）油箱怎么清洁？

打开排污口将油箱内的残油排出，打开人孔盖用毛巾清理内部残油、颗粒物；初步清理完成后，用干净毛巾擦拭油箱内壁，再用面团粘滚内壁，直到无污物为止。

（2）过滤精度如何检测？

R 公司现有德国进口颗粒度检测仪，确保油品的清洁度。过滤器的过滤精度是 R 公司向专业厂家购买过滤器时定制的，质量有保证。

（3）R 公司的冷却器的换热效果如何？

R 公司的管式冷却器性价比高、技术先进，换热效果达到国家标准。

（4）产品配件是否符合通用标准？

R 公司的产品可以按用户的要求配置，满足用户的使用要求，零部件符合通用标准。

（5）产品的稳定性如何？

R 公司的产品保修期为一年，性能稳定。由于产品是系统集成的，零部件的质量关系到整机产品的质量，公司选用的是国内优质供应商提供的元器件，经过多年的实践考察，完全能保证整机易损件在保修期无故障连续工作。

（6）产品的过滤器有哪些优点？

R 公司采用的是双桶式过滤器，过滤能力强，滤芯抗爆破能力强。一般网片式滤芯由单层滤网组成，爆破压力为 3 bar 左右；而双桶式过滤器滤芯由过滤层、支撑垫、支撑架组成，爆破压力为 5 bar 左右。网片式过滤器滤芯安装容易装偏造成漏滤，双桶式过滤器滤芯安装容易，不易装偏。

（7）产品的配置、技术怎么样？

R 公司的产品可以按用户的要求配置优质的国产或进口零部件，满足用户的使用要求。R 公司采用先进的工艺技术，如数控火焰切割，切口美观、位置准确、互换性好；氩弧焊打底、气体保护焊焊接，焊接平滑、强度高、美观；抛丸除锈，油漆的附着力好，质量好；集成化设计，元件布局紧凑、美观、维修方便。

（8）电器元件怎么样？

R 公司标准配置的电器元件使用的是独资、合资优质品牌产品，也可按用户的要求定配各种国际品牌元件。

3. 常见产品问题

（1）产品质量是否过硬？

公司执行最新标准，产品安全、稳定，可靠性强，自动化程度高，方便易用。

（2）相对于同类产品有哪些优势？

①营销网络健全，分布广，服务及时性好；

②产品的人性化设计走在行业的前列，质量有保障；

③产品的稳定性好；

④在水泥行业的销售业绩排名领先，市场占有率达到 90% 以上；

⑤补偿装置是专利产品。

9.2 销售成功案例

9.2.1 成功案例框架

销售成功案例有利于销售人员共享经验，共同成长。销售人员以老带新，往往带不出"高徒"，因为单个销售人员的成功不易复制。企业需要孕育鼓励分享的土壤，让销售成功案例的分享与成长、领导力、责任心等直接关联起来，甚至直接和绩效挂钩。

销售成功案例要聚焦于案例的价值和可复制性。定期挑选最典型的、最具有价值的客户案例，深入剖析产品销售的全过程及实际为客户带来的价值。

总结销售成功案例的目的是提高对竞争对手的关注，提升销售的成功率。可从以下 7 个方面进行汇总：

（1）背景；

（2）客户需求；

（3）公司方案；

（4）竞争对手方案；

（5）公司击败对手的原因总结；

（6）客户决策过程分析；

（7）经验交流。

销售人员应按照模板，从以上 7 个方面思考，找出销售成功的关键。此外，不仅要总结成功的方面，也要思考还有哪些方面可以改进。

9.2.2　销售成功案例范例

还是以 R 公司的畅销稀油站设备为例进行介绍。

1. 背景

项目名称：R 公司立磨投标。

项目规格：立磨系统一套，电机功率 1800 千瓦；XGD-C160/500 稀油站一台。

2. 客户需求

客户提出两种方案：其一，减速机和油站全部捆绑，统一包给竞争对手 A 来做；其二，分别与竞争对手 A、减速机厂家、稀油站厂家签订合同。客户要求质量、价格等方面最优。

3. R 公司方案

建议客户分开订货。分开订货的好处：其一，技术服务、售后服务及以后购买备品、备件等更加及时方便；其二，和厂家直接签订合同，可以享受优惠价格。

4. 竞争对手的方案

竞争对手 A 业绩不好，但价格便宜，报价比 R 公司低 20% 左右，打算以低价取胜，并承诺还可以再优惠一些。

5. R 公司击败对手的原因总结

（1）信息获取及时，得知了信息就及时约见了客户，抓住了最佳时机。

（2）大型立式旋转设备是 R 公司的专利产品，R 公司的产品质量好、业绩好、服务好，选用的所有元器件都是好的产品。

（3）与客户面谈，客户很满意。因为客户以前选用的一套进口稀油站，至今仍在使用，购买时他们花费了 50 多万美元，产品没出过问题。所以他们这次也希望选用性能可靠、质量上乘的产品，而在这方面 R 公司底气十足。

（4）R 公司分公司的领导及集团公司领导及时拜访客户高层管理者，提供了及时的、直接的帮助。

6. 客户决策过程分析

客户定下分开订货的方案后，评比厂家（选用质量好的产品，但是得把价格压到最低），在多次宣传品牌和产品质量的优势后，R 公司在高出竞争对手价格 10% 的基础上与客户成交。

7. 经验交流

（1）公司领导要给予大力支持，信息获取要及时。

（2）分析客户心理，有针对性地谈判，一定得找对人，及时做工作。

（3）对产品要信心十足。

（4）和配套厂家要处理好关系。

9.3　产品销售指导书

产品销售指导书是针对某一产品指导销售人员进行销售的指导性文件，是销售资源包的核心内容。

产品销售指导书框架如图 9-1 所示。

产品概述 ┬ 产品定义
　　　　 └ 产品定位 ┬ 产品战略定位
　　　　　　　　　　├ 产品市场定位
　　　　　　　　　　├ 产品内部定位
　　　　　　　　　　└ 产品目标

目标市场分析 ┬ 目标市场客户群细分
　　　　　　　└ 细分客户群分析 ┬ 客户群特征描述
　　　　　　　　　　　　　　　　├ 机会点分析
　　　　　　　　　　　　　　　　├ 客户决策链分析 ┬ 购买过程
　　　　　　　　　　　　　　　　│　　　　　　　　└ 决策链
　　　　　　　　　　　　　　　　└ 产品的客户价值分析 ┬ 优点1
　　　　　　　　　　　　　　　　　　　　　　　　　　　├ 优点2
　　　　　　　　　　　　　　　　　　　　　　　　　　　└ 优点3

竞争分析 ┬ 市场竞争概述 ┬ 竞争对手1
　　　　 │　　　　　　　├ 竞争对手2
　　　　 │　　　　　　　└ 竞争对手3
　　　　 └ 主要竞争对手分析及策略 ┬ 本公司VS竞争对手1 ┬ 优劣势比较
　　　　　　　　　　　　　　　　　 │　　　　　　　　　　├ 卖点分析
　　　　　　　　　　　　　　　　　 │　　　　　　　　　　├ 竞争策略
　　　　　　　　　　　　　　　　　 │　　　　　　　　　　└ 须注意的问题
　　　　　　　　　　　　　　　　　 ├ 本公司VS竞争对手2 ┬ 优劣势比较
　　　　　　　　　　　　　　　　　 │　　　　　　　　　　├ 卖点分析
　　　　　　　　　　　　　　　　　 │　　　　　　　　　　├ 竞争策略
　　　　　　　　　　　　　　　　　 │　　　　　　　　　　└ 须注意的问题
　　　　　　　　　　　　　　　　　 └ 本公司VS竞争对手3 ┬ 优劣势比较
　　　　　　　　　　　　　　　　　　　　　　　　　　　　├ 卖点分析
　　　　　　　　　　　　　　　　　　　　　　　　　　　　├ 竞争策略
　　　　　　　　　　　　　　　　　　　　　　　　　　　　└ 须注意的问题

产品销售指导书框架

销售策略 ┬ 营销策略
　　　　 ├ 直销策略
　　　　 ├ 商务策略
　　　　 ├ 交付策略
　　　　 └ 服务策略

典型用户

产品负责人

附录:产品技术文档 ┬ 系统架构
　　　　　　　　　　├ 产品特点
　　　　　　　　　　├ 功能特点
　　　　　　　　　　├ 性能特点
　　　　　　　　　　├ 性能指标
　　　　　　　　　　├ 系统配置
　　　　　　　　　　├ 系统可靠性
　　　　　　　　　　├ 典型应用案例
　　　　　　　　　　└ 产品资质

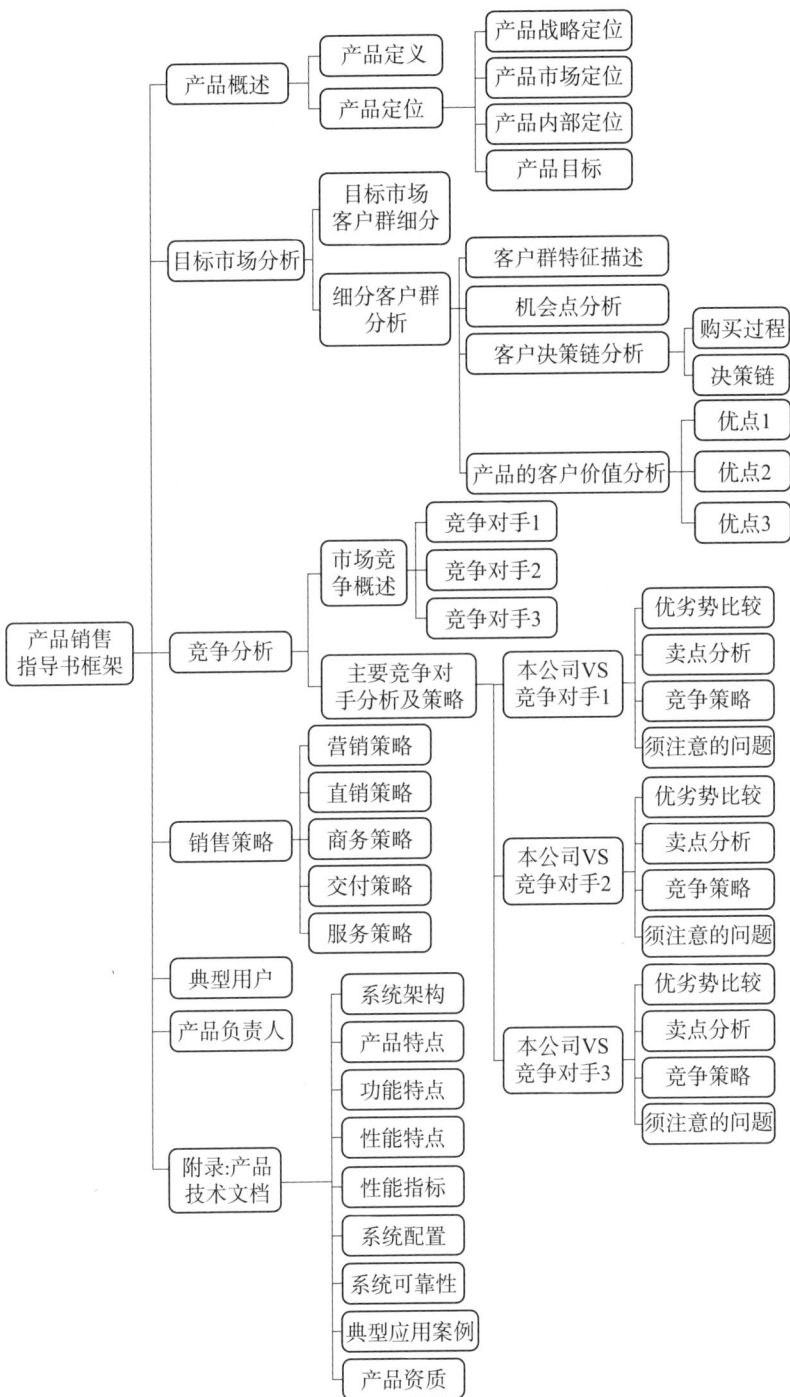

图 9-1　产品销售指导书框架

编制销售指导书时需要注意：

（1）明确产品的定位，特别是战略定位；

（2）提炼产品的卖点时，不宜提炼太多，主要提炼独特卖点。

9.4 产品商业模式设计

9.4.1 产品商业模式设计范例

有一个行为心理学的现象叫作"诱饵效应"，意思是当人们对两个不相上下的选项进行选择时，第三个新选项（诱饵）的加入，会使某个原选项显得更有吸引力。如果只有两种爆米花，一种 7 元，一种 15 元，由于价格和数量成正比，会有很多人选择价格低的 7 元爆米花；而一旦加入了一个明显不划算的 13 元选项后，就会有更多的人选择 15 元的爆米花，如图 9-2 所示。

图 9-2 诱饵效应

13 元的爆米花几乎没有人选择，它的存在就是为了提高 15 元爆米花的销量。爆米花质量是一样的，根据数量不同设计 7 元、13 元和 15 元 3 种规格配置的单品，而主推 15 元的规格配置，这就是产品商业模式设计。

9.4.2 产品商业模式设计的内容

一般产品有常规配置、增强配置和高档配置 3 种配置。每种配置产品的战略定位不同，给公司带来的利润也不同。产品商业模式设计就是把产品进行配置分类并设定常规配置、增强配置和高档配置，从而根据细分市场，引导客户选择公司主推产品配置（增强配置），从而实现产品的成功销售。

产品商业模式设计的内容一般包括产品细分、产品配置、目标客户群、产品属性定位、产品战略角色、价格规划和营销策略7个部分，如表9-1所示。

表9-1 产品商业模式设计内容

产品名称	产品细分	产品配置	目标客户群	产品属性定位	产品战略角色	价格规划		营销策略
						销售价格	利润率	
	常规配置							
	增强配置							
	高档配置							

产品配置是按照产品细分的类型，采用不同的产品组件进行组合，以满足不同目标客户群需求。目标客户群是指该单品的主要消费者。产品属性定位是指从产品的功效、质量、服务等方面进行考虑，塑造产品的鲜明个性或特色。价格规划可以参考产品细分定位和定价理论进行设计。产品商业模式设计可根据产品的特点适当进行优化调整。

产品商业模式设计一般应注意以下几个方面。

（1）产品配置的内容和范围要界定清晰，并明确主推哪个配置。

（2）产品商业模式设计属于商业秘密，不得外传。

XGD-C160/500和XGD-C250/1000产品3种配置的商业模式设计如表9-2所示。

表 9-2 XGD-C160/500 和 XGD-C250/1000 产品 3 种配置的商业模式设计

产品名称	产品细分	模块	销售策略	价格建议	典型项目	用户市场	销售费用	实施费用	利润率	关注重点
XGD-C160/500	常规配置	国产件	小批量	低	华新水泥		利润空间的20%~25%	销售价格的3%	利润空间扣除销售费用、实施成本与剩余保后的剩余空间比例不小于15%	周期短，回笼在90%以上
	增强配置	主要部件进口	大批量	适中	冀东水泥	水泥行业	利润空间的15%~30%	销售价格的4%	利润空间扣除销售费用、实施成本与剩余保后的剩余空间比例不小于20%	主推产品、重点关注成交量
	高档配置	大部分部件进口	小批量	高	海螺水泥		利润空间的5%~10%	销售价格的5%	利润空间扣除销售费用、实施成本与剩余保后的剩余空间比例不小于25%	周期短，回笼在90%以上

续表

产品名称	产品细分	模块	销售策略	价格建议	典型项目	用户市场	销售费用	实施费用	利润率	关注重点
XGD-C250/1000	常规配置	国产件	小批量	低	湖南雪峰	水泥行业	利润空间的 20%～25%	销售价格的 3%	利润空间扣除销售费用、实施成本与尾保后的剩余空间比例不小于 25%	主推产品，重点关注成交量
	增强配置	主要部件进口	大批量	适中	华新水泥		利润空间的 15%～30%	销售价格的 4%		
	高档配置	大部分部件进口	小批量	高	海螺水泥		利润空间的 20%～15%	销售价格的 6%	利润空间扣除销售费用、实施成本与尾保后的剩余空间比例不小于 30%	周期短，回笼在 90% 以上

常规配置　2 台泵，通过分配器分 16 路（8 路 / 泵）；安装方式是集中安装；适合于较小的安装场地；主要元器件是国产的

增强配置　4 台泵，通过分配器分 16 路（4 路 / 台）；安全性、稳定性更好；外观更美观；是主导，主推产品；性价比较高；适合于较大的安装场地

高档配置　主要元器件是进口的；安装方式是油缸加地盘，主要元器件是进口的

9.5 产品销售"一纸禅"

9.5.1 产品销售"一纸禅"的内容

产品销售"一纸禅"就是把产品的核心卖点信息归纳整理在一页纸内，以便快速吸引客户。产品销售"一纸禅"可以不介绍产品技术，把消费场景和解决的问题简明扼要说清即可。

产品越多，产品矩阵越复杂，就越需要产品销售"一纸禅"。在大企业中，销售资源普遍为所有销售人员共享，产品销售"一纸禅"也是争取销售机会的必备内部材料。虽然只有一页纸，但需要反复精心打磨，因为里面包含客户关注的核心问题。

要根据不同的客户关注点设计不同的产品"一纸禅"，把产品对客户的价值、与竞争产品相比的优势清晰地描述出来，每一项不要超过 3 点，语言一定要简练、流畅，让客户看一眼就留下深刻印象。

9.5.2 产品销售"一纸禅"范例

高低压稀油站 XGD–C160/500 是 R 公司专为水泥立磨提供润滑解决方案而研发的产品，拥有国内水泥行业润滑设备 90% 以上的市场占有率，还出口到欧洲、美洲、非洲、东南亚等地。

1. 产品的突出优点

（1）高低压稀油站 XGD–C160/500 拥有 3 项专利技术（恒流恒压控制、阀块技术和外观设计）。

（2）温度控制新技术保证高低压稀油站的自动恒温；恒流恒压控制新技术保证了油膜厚度，从而延长主机的使用寿命。

（3）阀块采用先进的阀门集成工艺专利技术，保证了油站高压部分流量不受温度影响，保持恒流，提高主机的稳定性、安全性。

2. 对客户的独特价值

（1）R 公司是生产水泥行业润滑设备的龙头企业。

（2）R 公司是专业化的液压润滑设备生产厂家，严格按照 ISO 9001 质量管理体系的要求打造精品，保证了稀油站的高安全性和稳定性。

（3）稀油站 XGD-C160/500 用户投诉率为零。

3. 成功案例

R 公司设计制造的高低压稀油站 XGD-C160/500，早在 2008 年就已出口到菲律宾。已经为 600 多家客户提供了该产品，并得到了客户的一致好评。此外，R 公司还长期与海螺、华新、冀东等国内大型水泥集团合作。

9.6 产品交流 PPT

9.6.1 产品交流 PPT 的内容

产品交流 PPT 内容一般包括公司简介、产品和业务介绍、客户案例、商务技术等。

产品交流 PPT 一般有对内和对外两个版本。对外的方便转发，内容精简，内容更新较慢；对内的内容翔实，视角多元，重点多变，可达 50 多页，内容更新较快。

对客户讲解产品时，可根据需要从对内版本的 PPT 中挑选几页补充到对外版本中。根据客户的需求和反馈，每次讲的顺序、重点都可能不同，只针对客户当时想了解的内容进行讲解。

企业经常会出现以下这些情况：一些销售人员不知道怎么更深入地讲产品 PPT，知道怎么讲的人没有分享的习惯，以及公司没有分享的机制或文化。所以，可以定期让业绩好的销售人员分享自己的经验，要求新手在其他销售人员面前讲解。这样形成一种机制，对销售业绩的提高有很大的帮助。

PPT 是最核心、最关键的销售赋能材料之一。通过 PPT 系统介绍产品优劣势和卖点，可有效降低客户对产品价格的敏感性。

注意事项如下。

（1）首先找出客户的兴趣点和关注点。

（2）PPT 一开始就要抓住客户的注意力。

（3）内容涉及怎样降低客户对价格的敏感性。

（4）销售资源包提供的售前 PPT 是基础版，销售人员在与不同的客户进行交流时，要在基础版的基础上根据客户的特点设计特定的交流 PPT，但总体设计理念不变。

9.6.2 单一产品售前 PPT 的内容

（1）客户面临的问题或潜在威胁。

（2）这些问题或潜在威胁可能给客户造成的损失。

（3）公司在该领域的地位（公司的优势、取得的成果、资质、成功案例等）。

（4）公司研发的重点。

（5）整体解决方案。

（6）产品介绍（重点突出卖点）。

（7）客户价值分析。

9.7 产品宣传视频

随着视频技术的发展、网络购物的普及，单一的产品图文介绍已经满足不了现阶段客户的需求。现在是一个信息碎片化的时代，信息传输速度的提升，要求企业在更短时间内将自己的产品优势和卖点形象化地展现到客户眼前。通过视频介绍产品，能让产品使用场景更加真实，立体感更强，更能提高用户信任度，让消费者产生一种所见即所得的感觉。因此，产品视频拍摄和宣传非常重要。

9.7.1 制作高质量产品视频的条件

视频作为一种产品展示载体，其直观的呈现方式迅速得到了平台和商家的认可。为了让潜在客户全面了解产品功能和卖点，制作产品视频时要从用户的角度出发。要明确制作产品视频的目的，是推介新产品，讲解产品使用说明，还是做产品促销宣传。只有明确了目的，才能让产品视频更有针对性。

制作高质量的产品视频需要满足以下几个条件。

（1）产品视频的制作必须从用户的角度出发。通俗来说就是要根据目标受众的不同，分析受众年龄、爱好等，提前做好市场分析，了解客户诉求，这样才能让视频更有针对性。

（2）制作的产品视频应该具有消费引导性，能吸引客户，并能成功实现有效转化。

（3）科学设计产品视频的结构，重点突出产品精神和灵魂、产品基因等高价值的产品信息。

（4）明确产品视频要突出的重点。

（5）控制好时长，一般控制在 90 秒内。前 15 秒非常关键，要做到足够吸引人，这样才能引导客户看后面的内容，让客户更好地了解产品。

9.7.2　制作产品视频的思路

在制作产品视频时，要注重产品功能的宣传性，多观察顾客需求，制作满足其需求的产品视频。那么，产品介绍视频应该如何制作呢？

1.结合使用场景

结合使用场景制作的产品视频可以让用户印象深刻。比如介绍食物道具，如果仅仅单独描述道具颜色、制作材料等，就显得太生硬了，很难增加客户购买欲望，但是结合使用场景，对食物道具使用过程中的关键环节进行特写展示，有利于加深客户印象，从而促进购买。

2.挖掘产品亮点，围绕产品核心功能

在制作产品视频时，要从产品亮点出发，给消费者一个选择产品的理由。有些产品功能比较多，在制作视频时，只需要抓住少量的亮点和功能进行聚焦，围绕产品的核心功能进行介绍，然后推荐给有需求的客户，这样的视频更具有针对性。

3.使用模特展示产品

有些产品对美感要求比较高，比如服装产品、美妆产品。制作这些产品的视频时，可通过模特展示的方式来介绍产品，这样的视频更具有真实性。

视频制作的主要目的是"介绍"产品，因此产品性能的表现是内容策划的核心，帮助消费者以更直接、更恰当的方式理解。当然，要实现好的宣传效果，视频制作人员需要对产品有透彻的了解，所以在制作视频之前需要与客户进行深入沟通，了解产品的核心功能和特色。

附件：产品销售指导书范例

XGD-C160/500 稀油站销售指导书

文档编号：   文档名称：

编　　写：   审　　核：

批　　准：   批准日期：

密级：

山东 xxxx 设备有限公司

第1章 产品概述

1.1 产品定义

高低压稀油站 XGD–C160/500 是为水泥行业立磨提供专业润滑系统解决方案的润滑装置，本润滑装置由油站本体、补偿装置、电控柜、仪表等组成。

作用：作为主机的"心脏"供送血液，延长主机寿命，保证设备安全有效运行。

客户：主机厂、水泥厂和设计院。

1.2 产品定位

1. 产品战略定位

高低压稀油站 XGD–C160/500 是 R 公司的专利产品，可以替代进口产品，专攻 2500～5000 吨/天水泥厂生产线的中高端市场产品。2017—2018 年本产品在公司整体战略中的定位是追求利润。

2. 产品市场定位

高低压稀油站 XGD–C160/500 的市场主要定位于 2500～5000 吨/天的水泥生产线的立磨系统。

对于超过 5000 吨/天的水泥生产线的立磨系统，则采用高低压稀油站 XGD–C200/1000。

3. 产品内部定位

高低压稀油站 XGD–C160/500 与 XRZ、XGD–A、XGD–B 等系列产品具有互补性，共同服务于 2500～5000 吨/天水泥生产线，经常与 XRZ、XGD–A、XGD–B 等系列产品一起捆绑销售。

公司内部产品的定位：公司主推产品。

产品线内的定位：主导产品。

本产品与公司其他产品无任何替代关系。

1.3 产品目标

2017-2020 年的市场占有率保持在 90% 以上。

2017 年销售量达到 200 台。

2018 年销售量达到 210 台。

2019 年销售达量到 220 台。

2020 年销售达量到 250 台。

第 2 章　目标市场分析

2.1　目标市场客户群细分

本设备主要适用于大型旋转设备的稀油润滑系统。

目标市场：主要是水泥行业。

客户群细分：主机厂、水泥厂和设计院。

2.2　细分客户群分析

1. 客户群特征描述

水泥行业客户群的典型特征：高低压稀油站是主机的辅机，一般要满足业主和主机厂、设计院三方客户的需求。

主机厂关注的因素：产品质量、产品品牌、产品在行业内的业绩、产品价格、产品的售后服务。

业主关注的因素：价格、产品的品牌、产品的售后服务、产品在行业内的业绩、产品的性能、产品的稳定性和安全性。

设计院关注的因素：产品在行业内的业绩、产品的品牌、产品的性能、产品的稳定性和安全性。

2. 机会点分析

国家政策的变化机会点：2015 年 11 月颁布了 2500 吨 / 天以下的水泥生产线停止审批的相关文件。这样对于适合较大生产线的高低压稀油站 XGD-C160/500 来说是个比较好的市场机会。

3. 客户决策链分析

（1）购买过程。

A 信息收集—B 筛选（咨询或招标）—C 选择—D 决策—E 使用

A～C 过程的主导者 80% 为技术从业人员，20% 为非专业决策人员。

D 过程中技术人士的意见占到 80%。

E 过程的维护者为专业人员，其中 64% 的决策意见源于技术人员，36% 源于非专业决策人员。技术人员是产品的意见领袖。

（2）决策链。

针对建材行业而言，一般由全国几大设计院（天津、南京、成都、合肥等）对项目提出设计方案、详细设备清单、主要技术参数，然后由业主的技术部、工程部、采购部等组织主机设备厂采购。稀油站的采购一般有三种模式：第一种是随主机厂配套；第二种是随主机厂，业主指定；第三种是业主单独采购。在以上三种模式中均应该注意与设计院主设人员，业主单位技术部、工程部、采购部、项目负责人，主机公司销售人员、技术人员和售后服务人员的沟通，使他们认可、推荐、指定 R 公司的产品。

对于不同性质的企业，客户决策链不同。

①国有大型企业、现代企业：成为其合格的供方→技术部对产品质量的认可→组织有关部门（技术部、销售部、供应部、售后服务部）认定→招投标（质量、价格和服务）。

②一般的民营企业：技术部对产品质量的认可→老板认可→供应办理（重点是价格、质量）。

4.产品的客户价值分析

运用 FFAB 模型分析本产品为各类客户带来的价值和解决的问题。

（1）设备故障率低。

①产品防尘、防水。

②换热效率高，冷却效果好；温度控制采用温控阀等新技术。

③采用恒流控制技术，具有外观专利（多泵多腔、单泵多腔）。

④严把质量控制关，筛选具有稳定质量的合格供应商。

（2）R 公司产品运行安全可靠。

①采取氩弧焊接技术及高颈法兰技术，保证不漏水、不漏油。

②焊接采取单面焊接双面成形，采用金属盘式切割机和金属带锯。

③管路全部采用球阀控制。

（3）R 公司产品设计美观、大方，便于清洁。

①管路切口表面光滑：采用金属盘式切割机、金属带锯、氩弧焊焊接技术及高颈法兰技术。

②油漆硬度高并且光亮：产品采用整体烤漆技术，油漆有层次感。

③油箱设计：采取三维立体软件设计、油箱设计集油槽。

（4）产品便于维修。

①操作方便：过滤器人性化设计，保证轻松切换；人孔盖外观美观，操作容易。

②部件互换性好。

（5）能保证主机设备的寿命。

①产品采用恒流、恒压技术。

②温度控制采用温控阀等新技术，换热效率高，冷却效果好。

③采用恒流控制技术，具有外观专利（多泵多腔、单泵多腔）。

④严把质量控制关，筛选具有稳定质量的合格供应商。

⑤延长油品使用寿命：加热器采取隔离式加热，保证加热器不结碳；箱体表面、冷却器不渗水。

（6）能减少系统污染并减少换油次数。

①油箱内部防腐蚀并且不掉漆：采用抛丸机整体抛丸 10 立方米以下；油站外部使用整体烤漆技术。

②保证主机油膜厚度：采用温度控制新技术；严把质量控制关，筛选具有稳定质量的合格供应商。

③延长油品使用寿命：加热器采取隔离式加热，保证加热器不结碳。

（7）产品运行成本低，使用时间长。

①产品管道全部采用球阀控制，保证不漏水、不漏油。

②油站采用恒温控制技术，冷却效果好：温度控制采用温控阀等新技术；采用列管式油冷却器；严把质量控制关，筛选具有稳定质量的合格供应商。

③油漆硬度高并且光亮度高，产品外部采用整体烤漆技术。

④油箱内部防腐蚀并且不掉漆，采用抛丸机整体抛丸 10 立方米以下。

⑤保证主机油膜厚度，采用自动恒温技术。

⑥延长油品使用寿命：加热器采取隔离式加热，保证加热器不结碳。

（8）产品操作简单方便。

①过滤器人性化设计，保证轻松切换。

②人孔盖外观美观，操作容易。

③产品部件互换性好。

第3章　竞争分析

3.1　市场竞争概述

高低压稀油站 XGD-C160/500 而言，竞争对手主要是南通某公司、常州某公司和中西某公司 3 家。

1. 南通某公司

该公司在水泥行业是 R 公司的最大竞争对手，公司现有职工 250 多人，2016 年的销售额近 9000 万元。

其产品也集中在水泥行业，部分产品销往冶金行业、电力行业。

2. 常州某公司

该公司主要的客户群集中在冶金行业，在冶金行业的业绩高于 R 公司，现有职工 250 多人，2016 年的销售额大约在 1.5 亿元。

其稀油站产品主要集中在冶金行业，还有压力容器等产品线。

3. 中西某公司

该公司产品主要集中在电力、冶金和水泥行业，现有职工约 200 人，2016 年的销售额大约 8000 万元。

3.2　与主要竞争对手的对比分析及策略

1. R 公司和常州某公司的比较

1）优劣势比较

（1）优势。

包装/产品外观：内在质量有保障，注重人性化设计。

功能/性能：稳定性好。

保证：营销渠道/营销网络健全，分布广，售后服务及时、专业。

社会接受程度：有专利产品，业绩好，市场占有率达到 90%。

（2）劣势。

信息流相对滞后。

采购成本略高。

2）卖点分析

（1）营销网络健全，分布广，服务及时性好。

（2）产品的人性化设计走在行业的前列。

（3）产品的安全性、稳定性好。

（4）在水泥行业的销售业绩领先，市场占有率达到了 90% 以上。

（5）有专利产品。

3）竞争策略

（1）价格方面：强调公司在水泥行业的业绩和品牌知名度、降低客户对价格的敏感性；可采取运费和购买价分开报价的策略，特别是对于那些路程较远的客户，实行差异化报价方式。

（2）销售网络：在竞争中充分发挥自己营销网络健全的优势，获得客户的真实需求；对客户强调公司营销网络、服务网络健全，可为以后的及时服务提供保障。

（3）产品性能：强调人性化设计理念；强调产品稳定性好。

（4）品牌方面：强调更熟悉水泥行业对产品的要求，重点宣传公司在水泥行业的销售业绩好，行业市场占有率高。

（5）售后服务：强调公司的服务网络健全、服务理念及及时性好，有一批业务素质高、技术过硬的专业售后服务人员，拥有丰富的调试经验。

4）应注意的问题

（1）在和客户的交流沟通中，不要只谈价格，还要谈性价比，不要把产品等同于一般公司的产品，公司不和竞争对手拼价格，而是注重产品质量和产品的稳定性。

（2）强调公司的品牌、业绩和产品的稳定性，宣传产品是中高档产品，立志进入国际市场，成为国际品牌。

2. R公司和南通某公司的比较

1）优劣势比较

（1）优势。

包装：外观（油漆、焊缝、光洁度）好，内在质量有保障。

功能／性能：稳定性好。

保证：营销渠道／营销网络健全，分布广，售后服务及时、专业。

社会接受程度：业绩好，市场占有率高。

（2）劣势。

价格：产品价格较高，付款方式不灵活。

易用性：设备资料的完整性较差。

2）卖点分析

（1）营销网络健全，分布广，服务及时性好，更专业。

（2）产品的外观好，内在质量有保障。

（3）产品的稳定性好。

（4）在水泥行业的销售业绩第一，市场占有率达到了 90% 以上。

（5）有专利产品（补偿装置）。

3）竞争策略

（1）价格方面：强调公司在水泥行业的业绩和品牌知名度，降低客户对价格的敏感性；对于战略客户可适当降价，但是不要一味拼价格；可采取运费和购买价分开报价的策略，特别是对于那些路程较远的客户，实行差异化报价方式。

（2）营销网络：在竞争中充分发挥自己营销网络健全的优势，获取客户的真实需求；对客户强调营销网络、服务网络健全，可以为以后的及时服务提供保障。

（3）产品性能：强调公司注重产品质量，有把产品做成精品的理念；强调公司产品的稳定性好。

（4）品牌方面：强调公司熟悉水泥行业对产品的需求；对于设备资料给予承诺；重点宣传公司在水泥行业的销售业绩好，行业市场占有率高；资质好，行业内的信誉好；品牌知名度高。

（5）售后服务：强调公司的服务网络健全、服务理念及及时性好，并举例说明。

4）应注意的问题

（1）在和客户的交流沟通中，不要只谈价格，还要谈性价比，不要把产品等同于一般公司的产品，公司不和竞争对手拼价格，而是注重产品质量。

（2）强调公司的品牌、业绩和产品的稳定性，宣传产品是中高档产品，立志进入国际市场，成为国际品牌。

3. R公司和中西某公司的比较

1）优劣势比较

（1）优势。

包装／产品外观：外观（油漆、焊缝、光洁度）好；人性化设计。

功能／性能：稳定性好。

保证：营销渠道／营销网络健全，分布广，售后服务及时。

社会接受程度：业绩好，市场占有率高。

（2）劣势。

价格：购买价格较高，付款方式不灵活。

生命周期成本：易损件更换费用比较高。

2）卖点分析

（1）营销网络健全，分布广，服务及时。

（2）产品的外观好，内在质量有保障。

（3）产品的人性化设计在行业的前列，并且产品的稳定性好。

（4）在水泥行业的销售业绩第一，市场占有率达到了90%以上。

（5）有专利产品（补偿装置）。

3）竞争策略

（1）价格方面：强调公司在水泥行业的业绩和品牌知名度，降低客户对价格的关注；

对于战略客户可适当降价；可采取运费和购买价分开报价的策略，特别是对于那些路程较远的客户，实行差异化报价方式；强调售后服务、培训的优势。

（2）营销网络：在竞争中充分发挥营销网络健全的优势，获取客户的真实需求；对客户强调营销网络、服务网络健全，可以为以后的及时服务提供保障。

（3）产品性能：强调公司注重产品质量；强调公司产品的人性化设计理念；强调公司产品的稳定性好。

（4）产品业绩：强调公司产品在行业的业绩，也更熟悉水泥行业对产品的需求；对于设备资料给予承诺。

（5）售后服务：强调公司的服务网络健全、服务理念及及时性好，并举例说明。

（6）公司品牌：重点宣传公司在水泥行业的销售业绩好，行业市场占有率高；资质好，行业内的信誉好；品牌知名度高。

4）应注意的问题

（1）在和客户的交流沟通中，不要只谈价格，而是强调产品的性价比；不要把产品等同于一般公司的产品，不和竞争对手拼价格，而是注重产品质量。

（2）强调公司的品牌、业绩和产品的稳定性，宣传产品是中高档产品，立志进入国际市场，成为国际品牌。

第4章 销售策略

4.1 营销策略

1.客户引导策略

R公司针对产品高低压稀油站XGD-C160/500推出3款配置：常规配置、增强配置和高档配置。引导客户进行选择，而不是完全按照客户的要求进行产品营销。

在销售过程中，销售人员主推增强配置，并引导客户选择增强配置的高低压稀油站XGD-C160/500。

2.立体营销

针对主机厂的技术部、销售部和供应部进行立体营销，首先联系到主机厂的销售人员，招标时推荐R公司的产品，然后通过销售部联系到技术部人员，建议其设计选型时选择R公司产品，还要与供应部搞好关系。

3.团队协作策略

对于主机厂、业主、设计院不在同一地方的项目，R公司利用销售网络健全的优势，组成项目攻关团队，分别对所在地的主机厂、业主和设计院进行联系、公关，并且统一口径对外宣传、报价。

4.2 直销策略

高低压稀油站的销售渠道方式特点如下。

（1）业主单独采购的大约占10%。

（2）主机厂单独采购的大约占70%。

（3）主机厂和业主、设计院共同参与采购的大约占20%。

（4）从设计院主要是获取项目信息、设备推荐、制定技术协议等。

根据高低压稀油站销售渠道的特点，R公司销售高低压稀油站XGD-C160/500主要是通过直销的方式，并且直销策略是重点抓住主机厂，兼顾业主单独采购。

4.3 商务策略

对运费比较高的项目，可采取产品价格和运费承担比例分开的价格策略。

产品组合上，制定阻击竞争对手产品报低价和规模产品或专利产品报高价的策略，例如采用低压稀油站报低价，高低压稀油站XGD-C160/500报高价的策略。

将客户分为战略客户、价值客户、利润客户和非利润客户等几类，对战略客户和价值客户不同级别的领导进行跟踪和定期拜访，并采取不同的报价方式和报价策略。

4.4　交付策略

根据行业执行惯例采用 30% 预付款、60% 提货款、10% 质保金的方式。5 万元以下合同不留质保金。对于老客户或者大订单，付款条件可以按照 20% 预付款、60% 提货款、10% 安装调试费、10% 质保金的方式（在公司认可前提下可采用）。

（1）常规配置：最快 1 个半月以内可以交货。

（2）增强配置：3 个月以内可以交货。

（3）高档配置：4 个月以内可以交货。

4.5　服务策略

针对战略客户或大客户，在调试时，免费赠送一些易损件，比如滤芯、垫圈等。

在产品的交付价格中，包含一年的质保服务。公司承诺接到客户电话 2 个小时内予以回答，若需派人到现场，则省内 24 小时内到达现场，省外 48 小时内到达现场。所有的售后服务人员到达用户现场都必须携带一张用户意见评定表，需用户签署评定意见后方能离开。

第5章 产品负责人信息表

明确产品负责人，并落实联系信息，如表 5-1 所示。

表 5-1 产品负责人信息表

产品负责人	负责内容	部门	联系方式	电子邮箱

第 6 章　产品技术文档

6.1　产品系统架构（略）

6.2　产品特点（略）

6.3　功能特点（略）

6.4　性能特点（略）

6.5　性能指标（略）

6.6　系统配置（略）

6.7　系统可靠性（略）

6.8　典型应用案例（略）

6.9　产品资质（略）

第三篇
产品经营预警

火箭升空成功，飞行过程中有 97% 的时间都在靠数据反馈，不停地修正轨道。产品经营预警就像火箭飞行过程中的预警和不断调整轨迹一样，为战略目标保驾护航。

产品经营预警能够监控、修正并保证产品在预定"轨道"上运行！

第 10 章
产品经营预警概述

火箭升空的过程中，只有极少的时间在预定的轨道中飞行，其余大部分时间都在不断调整飞行轨迹。对于火箭而言，受大气、结构设计、发动机等因素的干扰，其在飞行中很难做到完全按照预定的轨迹飞行，这就需要迭代制导系统的帮助，使火箭在飞行的过程中实时作出修正，确保火箭精确进入预定轨道。

一个企业的产品经营也是如此。现实中，一个企业往往到了年底才发现产品经营距离年初的目标相差很远，但为时已晚。这是因为没有建立像火箭一样的修正系统——产品经营预警系统。产品经营预警系统就是通过研究和运用产品运行规律，设计产品的成长"轨道"，在营销过程中时刻监控、分析、预测并提前作出调整，保证产品的良好成长，助力企业高质量、快速发展。

⚙ 10.1 产品经营预警现状

10.1.1 企业产品经营预警的现状

1.企业经营分析不科学

现在，产品越来越丰富，市场竞争越来越激烈，但多数企业的创新程度不够，处于被动应对的状态。面对新的问题，经营者研究深度不够，制定出来的新策略不够完善。伴随着数据分析技术的发展，越来越多的企业开始重视企业的经营分析，也取得了一定成效。但也有一些企业管理者直接将一些成功的经营分析制度和方法搬到自己的企业管理模式中，这种看似省事、省成本的做法忽略了本企业所处的行业特性和自己的实际情况，不能解决自己企业的实际问题，无法助推业绩增长。

2. 产品发展目标的路径不够清晰

当前的很多企业，过多注重眼前的产品销售量，缺乏产品的市场潜力和产品竞争力的系统评估，也没有根据产品发展定位原则进行产品战略规划。产品的发展目标大多是据感觉和经验定的，有些企业甚至没有根据产品的发展阶段制定产品的发展目标。

产品发展目标的路径缺失或者不够清晰，产品的销售经营分析大多是事后分析，根据当前的竞争对手策略做一些被动应对，产品未来发展路径和经营预警也就无从谈起了。

3. 没有产品经营预警

有些企业制定了宏伟的产品战略目标，但却没有考虑到产品的现状和潜力，没有根据产品的生命周期阶段明确科学的发展定位，也没有投入匹配的资源。企业不能只考虑眼前的发展状态和利益，盲目地决定产品的发展方向和策略。企业要根据产品的成长潜力和竞争能力，明确相应的发展定位，投入匹配的资源，结合产品生命周期的不同发展阶段和运行规律，设计发展轨道和路径节点，时刻监控运营状态，分析偏离原因并及时修正，保证产品良性发展，这样才能提高企业的竞争力。

10.1.2　产品经营预警的常见问题

随着大数据的广泛应用，进行产品经营预警的企业越来越多。企业在产品经营预警中经常碰到的问题有以下几个。

（1）产品经营预警分析重点不突出，对合理情况、合理偏离和重大偏离都进行分析，这样会过多消耗时间和精力，重要问题反而得不到更好的分析和解决。

（2）重点监控和分析重大负向偏离，忽略了重大正向偏离。应该对负向和正向的重大偏离都进行原因分析，找出问题，及时地修正策略或目标。

（3）简单罗列数据，缺乏透彻分析。

（4）缺乏数据关联，没有基于产品自身的生命周期发展阶段和发展规律、产品发展潜力和竞争地位考虑公司和产品产出等经营层面的问题。

（5）"头痛医头，脚痛医脚"，不探寻数据背后的原因；主要分析客观原因，未能从主观和认知层面提升和改进。

（6）产品经营分析会前准备不足，没能针对事先明确的客户策略和产品规划策略对比竞争对手并深层次量化分析；会上讨论细节没有结果。

（7）不针对重要的问题进行专题分析，或者只分析原因，不提出解决措施、路径和资源需求，特别容易被动接受不能改变的负面影响因素，降低产品经营目标，以及没能找出正向因素去弥补产品发展目标的短缺。

（8）缺乏经验数据，不注重数据积累。

10.2　产品经营预警价值

为什么要进行产品经营预警？

1. 客户需求的变化影响产品的运营状况

客户的需求是不断变化的，面对客户不断的改变，销售人员往往只能被动地响应，疲于奔命，忽略一件重要的事情——洞悉客户的真实需求。

企业应该深度挖掘客户的真实底层需求，根据需求变化分优先级，适当地调整产品定位和销售策略，甚至可以调整产品规划目标和发展路径。

2. 竞争对手的新产品和产品策略影响本企业的发展

企业在某一个市场细分领域开展营销时会受到竞争对手的影响与阻碍，这些竞争对手与企业共同争夺同一客户。竞争对手常不断地创新，研发新产品，提高市场上产品的丰富度，促进产品的更新换代。在市场经济背景下，任何企业在目标市场进行营销活动时，都不可避免地会遇到竞争对手的挑战。

竞争对手的状况将直接影响企业的营销活动。最为明显的是竞争对手的产品价格、广告宣传、促销手段的变化，以及产品的开发、销售服务的加强都将直接对本企业造成威胁，甚至严重影响本企业的产品销售和产品发展轨迹。

由于竞争对手的存在，企业可以经常识别和确认竞争对手，对竞争对手的实力进行有效评估，从而对本企业的产品规划和营销策略作出相应调整，维持企业的竞争优势。

3. 产品营销人员的素质和能力影响产品的营销状况

产品的营销状况与营销人员的素质和能力息息相关，特别是大区销售经理的产品规划能力更加关系到产品销售业绩。根据客户需求变化和竞争对手的销售策略及时调整和修正自己的产品宣传策略、产品销售策略和资源投入方案，保证产品战略规划的顺利实施至关重要。

建立一支有"亮剑"精神的销售团队与一套好的工作方案是产品战略规划正确实施的关键。在产品经营预警管理中，对于大幅偏离产品战略规划轨道的销售区域，重点评估销售团队，特别是评估销售区域总监的销售执行能力，这是产品经营预警分析的重要一环。

4. 产品的资源组合投入效果影响产品经营状况

产品的销售会受到竞争对手的销售策略和产品优劣势的影响，本企业的产品之间也会存在竞争关系和互补关系，这就涉及怎么设计产品组合的问题，既要防止自己的产品互相竞争，也要利用产品的互补性，这些都会影响产品的发展和销售业绩的完成。另外，根据区域消费特点，如何搭配销售人员、广告宣传、销售策略等资源投入也会影响产品战略目标的实现。

因此，需要时刻监控产品经营，进行预警分析，发现产品经营脱离预定轨道，就要分析原因，并及时调整策略，防止浪费良好的发展机会。

5. 产品发展路径规划和发展目标出现失误时应及时调整

产品战略规划中的产品潜力测算和竞争力评估是基于往年的数据、当时竞争对手的产品发展策略和销售人员已有能力及经验作出的。如果产品在战略分析模型中所处的战略定位区域出现偏差，那么产品生命发展周期阶段的界定也可能出现偏离，进而导致产品的发展定位出现偏差，任何一个因素发生变化都会导致产品的发展目标路径和预测的发展轨道出现较大幅度的偏离。这就需要时刻监控产品的实际运营状态，对于明显偏离产品发展节点的异常情况要及时发现，并分析原因，作出及时、合理的修正，保证产品的良性发展。

10.3　产品经营预警管理

10.3.1　产品经营预警管理流程

1. 产品评估与战略规划

产品就像一个孩子，是有潜质和生命力的，不同产品的潜质和生命力不同。产品的潜质和生命力需要去验证并进行产品竞争力评估，市场成长性方面重点分析市场容量、竞争激烈程度、增长率等，竞争地位方面重点分析企业品牌或市场份额、竞争地位等。规划不同的发展路径才能让产品更好地成长。产品战略规划是指产品"出生"后，研究其在当前的市场竞争环境中的成长阶段，评估产品线及产品的成长状态、企业产品结构和产品发展梯队的合理性，也就是基于产品成长性和竞争力，找出并选择企业最佳增长极，赋予科学合理的发展定位及发展策略。企业上下应形成一致的产品发展方向共识，根据"721"原则集中资源投入，形成聚焦、重点突破和布局 3 层科学合理、梯队化发展的产品成长结构，让企业持续、快速、高质量发展。

2. 产品运行规律研究

产品的成长是有规律的。产品生命周期规律，就是指产品在不同成长阶段的成长特征不同。正确评估产品所处的成长阶段并对应施策，避免浪费资源还达不到预期的效果。此外，产品的合理结构、集团化作战和产品梯队化发展是企业良好发展的基础。正确评估和认知企业的产品结构和梯队化发展现状，并制定正确发展策略，是企业持续发展的必由之路。找出潜力大和处于成长期的产品，遵循"721"原则科学投入，才能获得最大产出。

3. 产品目标与产品运行轨道设计

产品目标与产品运行轨道设计是产品经营预警管理的核心。产品经营预警是在产品战略规划完成后，为了保证产品战略规划能够实现预期目标，在未来营销过程中进行的经营预警。

4.产品实际运行数据收集、监控与预警

产品实际运行数据收集、监控与预警是产品经营预警管理的重要环节，先收集产品的运行数据，再根据产品预警原则和产品发展轨道标准进行核对，对于超出范围的运行指标进行预警，包括对产品线和核心产品的运行情况、产品销售区域运营情况、产品销售渠道运营情况、利润情况、人均产品销售额、各区域主销产品、各渠道主销产品等进行分析和预警。

5.数据异常偏离的原因分析及修正

分析产品运行逻辑，找出产品发展偏离轨道的深层次原因，并制定修正方案，保证产品良性发展和公司销售目标的实现。主要任务包括寻找解决问题的方案和路径、召开经营分析和预警会议、评估问题和路径、重新配置资源等。

6.预警措施执行及进一步监控

主要任务为优化并实施问题解决路径的修正方案，重点监控偏离的指标并进入下一个监控周期。

10.3.2　产品经营预警管理的要点

（1）系统、整体地看待公司的产品运营，包括产品线、核心产品、区域和渠道，分层分级，数据展现直观，分析简明有效。

（2）通过预设目标数据及时发现问题并预警，由此逐步完善经验数据库。

（3）通过关联分析打破部门界限，追溯问题的根源，挖掘数据背后的深层原因，有效分析和解决问题。

（4）落实决议，形成经营预警系统的闭环管理。

产品经营预警是围绕促进产品良好发展的核心运营指标而建立的，这些指标包括销售总目标、新产品的增长率、人均产出和人均利润、人均成本等。将产品经营指标分解成一系列关联活动和考核指标，进而分解到各个主体部门，实现与产品发展业绩承诺挂钩，并且通过设置产品经营预警原则，根据产品发展目标完成情况给出预警，让决策层及时发现问题并调整产品战略和计划，及时采取解决措施，实现产品发展的滚动管理，从而及时有效控制产品经营风险，进而控制公司经营的风险。

10.3.3　产品经营预警管理的优点

（1）有助于及时验证产品整体经营状况是否达到预期，产品战略和营销策略是否奏效。如果没有，及时分析原因，提出修正方案和策略，以保证产品经营目标的实现。

（2）有助于及时、有效地发现产品发展的状况，预知公司经营目标完成的百分比，为管理层提供决策依据，提前控制产品和公司经营的风险。

（3）有助于及时找到产品经营中的问题根源。

（4）基于产品经营预警管理，对市场、客户、自身优劣势的深入分析可以加快公司的决策进程。

（5）能够提前发现问题，提高产品对环境变化的反应能力。

（6）有助于提高企业分析的灵敏度，提升产品和企业的市场竞争力。

第 11 章
产品销售周期

事物的成长和发展都具有其自身的规律，产品的经营和销售也同样具有一定的规律。在产品的经营和销售管理中挖掘这些规律，并在产品销售的不同阶段采用不同的产品管理方式和策略，才能做好产品的销售。

11.1 产品生命周期理论

产品生命周期是指产品从准备进入市场到被淘汰退出市场的全过程，是产品在市场活动中的经济寿命，即在市场流通过程中由于消费者的需求变化及影响市场的其他因素所造成的产品由推向市场到退出市场的周期。产品生命周期主要是由消费者的消费方式、消费水平、消费结构和消费心理的变化所决定。

11.1.1 产品生命周期 4 个阶段

产品生命周期可根据销量和利润的变化，分为导入期、成长期、成熟期、衰退期 4 个阶段，如图 11-1 所示。

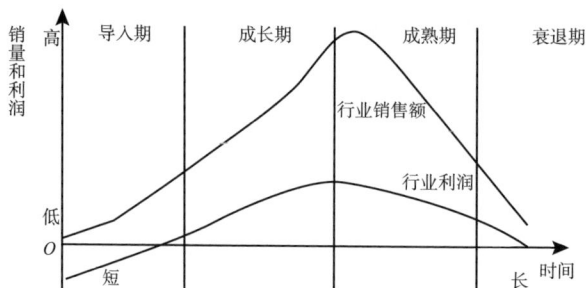

图 11-1 产品生命周期的阶段划分

产品如何发展及如何随着时间的推移而改进与产品的类型有很大关系，销售额和利润曲线的形状、长度，以及上升和下降的速度，也取决于企业在产品生命周期每个阶段的资源投入和营销策略。

1. 产品导入期

新产品投入市场即进入导入期。此时销量一般很低，因为顾客对产品的了解较少。为了扩大销路，需要对产品进行宣传，需要投入大量的人力、物力及财力。另外，在导入期，产品销量低，无法形成大批量生产，规模效应不显著，因而成本高，企业可能得不到利润，甚至亏损。

若产品的销售增长率 $\eta < 10\%$，则产品处于导入期。

在产品生命周期中的导入期，由于用户增长速度较慢，企业应该把重点放在用户的转化率及复购率上，设立用户反馈机制，根据数据精准分析出哪种产品适合哪类人群，然后对产品、服务进行迭代、优化，将前期沉淀出来的用户按照消费金额、消费频率、消费时间划分，确定重点客户、潜在客户及无效客户，并制定相应的服务标准、营销策略。

当产品刚发布，大家都不清楚或者不相信其价值的时候，主动示范应用是很有必要的，可增加用户体验环节，让用户充分认识产品的价值。例如，某打车软件雇人专门去乘坐装有其软件产品的出租车，让出租车司机实实在在地感受软件带给他们的利益。

在很多情况下，产品导入期的特点是销售缓慢、利润微薄，因此这个阶段的营销策略应该围绕产品价格和促销展开。新产品诞生之后，因为只有较少用户使用产品，所以接下来要做的就是获取种子用户，完成产品启动。

获取种子用户的方法有两种：冷启动和热启动。

冷启动是指不通过大规模市场推广，而是通过优质的内容或者熟人口碑传播进行产品启动，让市场检验产品的生命力。这种方法可以有效降低项目风险，但是市场启动速度比较慢。

热启动是指企业投入大量的资源（包含人力、资金等）和广告宣传获得用户，让产品迅速启动，实现产品销售的爆发式增长。同时，鼓励用户提出中肯的意见和建议，不断优化产品性能和提升用户体验。

采用热启动方法时，企业经常使用快速渗透法，以较低的价格推出促销的产品，目的是成为市场领导者并实现利润最大化。

快速渗透法的使用条件如下：

（1）市场广阔，市场容量巨大；

（2）低价对买家很重要；

（3）竞争很激烈；

（4）用户需要被告知和说服。

在导入期，价格、销售、成本、创新能力、利润哪方面最重要？答案是创新能力。在导入期，企业应通过创新打造产品的无形资产"护城河"，让别人做不出或无法模仿，抢不走客户。

2. 产品成长期

导入期结束之后，开始进入第二阶段——成长期，即通过一系列的方法和一段时间的市场积累，获得了种子用户，进入快速获得更多用户的发展通道。在此阶段，顾客对产品已经熟悉，大量的新顾客开始购买，市场逐步扩大，产品大批量生产，生产成本相对降低，企业的销售额迅速上升，利润也迅速增长。此阶段主要的工作目标是获得用户。

若产品的销售增长率 $\eta > 10\%$，则产品处于成长期。

在成长期，产品经理要配合运营部门做好功能更新和产品迭代，因为在这个阶段获得用户尤为重要，同时需要密切关注产品相关数据。产品优化方面，要重点关注用户对每一个核心功能的使用意见，不断提升产品用户体验，这才是留住用户的根本保障。为了争夺用户，需要通过各种渠道进行广告投放，要重点关注推广渠道数据，筛选出投入产出比最高的渠道并持续投入。

成长期是业务开始快速增长并达到产品生命周期曲线顶部的阶段，企业应重视当前客户数据并定期研究客户体验，以找出：

（1）客户面临什么问题；

（2）产品如何为客户提供帮助；

（3）产品还能进行哪些改良；

（4）客户喜欢和不喜欢产品的哪些方面；

（5）还需开发产品什么新功能；

（6）产品的哪些指标对客户最有价值。

除了关注客户外，还需要仔细思考以下 3 个方面。

（1）产品与主要竞争对手相比，优劣势有哪些？

（2）我们的产品哪些方面比他们做得更好？有哪些差异点？

（3）是什么让我们的产品脱颖而出？

在产品成长期，销售、成本、价格、创新能力、竞争对手、利润哪个最重要？答案是销售。因为到了成长期，产品已经得到了一些用户的认可，这时企业要做的就是不断地扩大市场规模。市场规模的不断扩大，能够降低成本，提升产品的竞争力。

针对产品成长期的特点，企业为维持市场增长率，延长获取最大利润的时间，可以采取以下 4 种策略。

（1）改善产品品质，如增加新的功能，改变产品款式，推出新的型号，开发新的用途，等等。对产品进行改进，可以提升产品的竞争能力，满足顾客更广泛的需求，吸引更多的顾客。

（2）通过市场细分，找到新的尚未满足的细分市场，根据其需要组织生产，并迅速进入这一新市场。

（3）把广告宣传的重心从介绍产品转到建立产品形象上来，树立产品品牌，维系老顾客，吸引新顾客。

（4）在适当的时机，可以采取降价策略，以激发那些对价格比较敏感的消费者产生购买动机并采取购买行动。

3. 产品成熟期

产品经过一段时间的快速成长后，市场需求趋于饱和，潜在的顾客已经很少，销售额增长缓慢甚至转而下降，这标志着产品进入了成熟期。在这一阶段，竞争逐渐加剧，产品售价下降，促销费用增加，企业利润下降。这个阶段最主要的目标是维系好老用户，同时保持新用户增长，实现盈利。

若产品的销售增长率 $0 < \eta < 10\%$，则产品处于成熟期。

在产品拓展方面，可根据产品和客户的属性，创新产品拓展策略。根据"721"原则，效果比较好的策略一般是向老客户推广新产品，向新客户推广老产品。在维系老用户的基础上，需要不断地开拓新业务来保持新用户的持续增长。如图 11-2 所示。

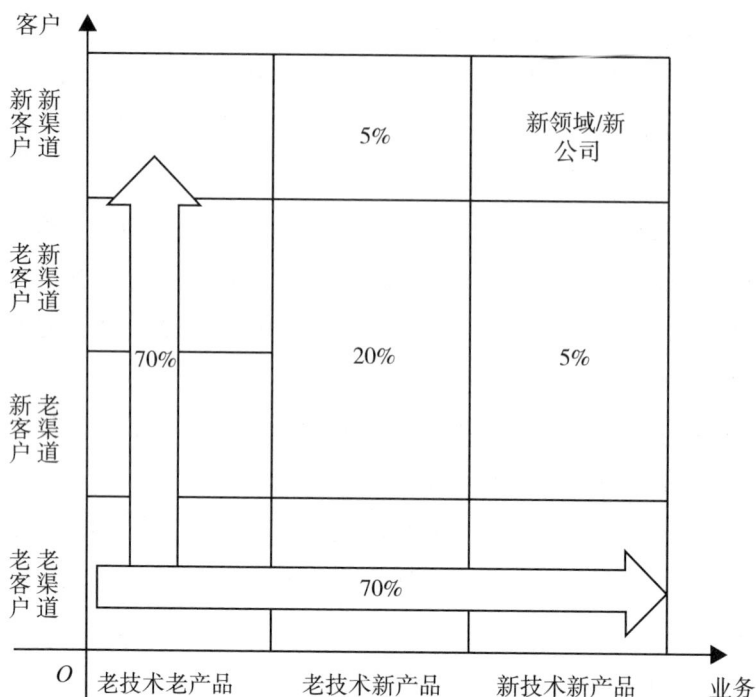

图 11-2 产品拓展策略模型

在产品研发方面,根据市场需求的变化和技术进步,不断更新换代、升级自己的产品,例如苹果公司通过不断改进产品来保持市场份额并延长其成熟期。苹果公司每年都会发布一个更新的、更好的版本,在营销上投入巨资来宣传每个新版本的优点,这有助于吸引新客户,同时说服现有客户升级。

在产品成熟期,销售、成本、价格、创新能力、竞争对手、利润哪个最重要?答案是利润。产品已经有了规模、流量,建立了壁垒,有了品牌,这时要开始盈利了。

怎么赚钱呢?

(1)通过推出多元化的产品满足消费者差异化的需求来盈利。到了成熟期,产品通常都是引流品,公司可生产其他产品,满足不同用户的需求,赚取利润。

小米公司创始人雷军曾经说过,很多手机厂商每年都要花很多精力研发多款手机，小米公司要集中全部力量做一款手机，到了成熟期，再通过多元化的产品满足消费者差异化的需求来赚取利润。

（2）成熟期的核心任务是根据产品拓展策略模型，寻找新的业务模式（最好与现有业务相关），或者寻找新的用户群体（如拓展海外市场等）。

4. 产品衰退期

随着科学技术的发展，市场上新产品提供了更好的解决方案，或者消费者的生活方式发生了变化转而购买其他产品，从而使原来产品的销售额和利润迅速下降。此时，产品进入了衰退期。

若产品的销售增长率 $\eta < 0$，即销售量逐年下降，则产品处于衰退期。在开发和制造方面，公司需要作出以下决定：

（1）继续根据市场需求生产适应当前形势的产品；

（2）进行改进以延长衰退期；

（3）重新进行市场细分，开发新产品；

（4）完全放弃该产品。

无论公司做出什么决定，都要通过榨取产品价值来进行产品在衰退期的管理。榨取是指在最短的时间内从产品中获取最大可能的收入和利润。

在衰退期，销售、成本、价格、创新能力、竞争对手、利润哪个最重要？答案是成本。

在这个阶段，需要通过不断降低成本让产品衰退得更慢一点，获取的利润更多一些。例如，曾经的个人计算机（PC）巨头 IBM 公司，在 PC 业务进入衰退期之后，将 PC 业务卖给了联想；曾经拥有 200 多个品牌的宝洁公司，大刀阔斧地砍掉了处于衰退期的 100 多个品牌。

11.1.2　产品生命周期不同阶段特征及启示

1. 导入期（前期）

主增用户：创新者、早期采用者。

用户特征：主动积极，愿意参与创造，包容瑕疵。

产品版本：提供基础功能、试验性功能与服务。

产品策略：收集有效反馈，快速迭代验证。

运营策略：不投放广告，寻找早期采用者。

2. 导入期（后期）

主增用户：早期大众。

用户特征：关心需求，关注稳定、可靠的性能，对价格敏感。

产品版本：提供满足客户需求的核心功能，强化稳定性和可靠性。

产品策略：收集有效反馈，快速迭代验证。

运营策略：不投放广告，完善客户服务。

3. 成长期

主增用户：早期大众。

用户特征：关心需求，关注稳定、可靠的性能，对价格敏感。

产品版本：强化客户需求的核心功能，强化稳定性和可靠性。

产品策略：收集有效反馈，快速迭代验证，重点策略是产品领先。

运营策略：打造品牌，大范围、多渠道营销，掠夺性定价，完善支撑体系。

4. 成熟期

主增用户：后期大众。

用户特征：与早期大众类似，但没有能力和意愿学习与运营新技术，本质上相信传统，反对不断创新，认为产品能用就行。

产品版本：强化用户体验，强化稳定性和可靠性。

产品策略：采取较低的更新频率，较小的界面和核心功能变化。

运营策略：盈利性运营，提供更多、更全面的客户服务，重点策略是效率提升，快速占领市场。

5. 衰退期

主增用户：无；如有产品和业务上的激活策略，则主增用户为创新者、早期采用者。

用户特征：用户活跃度降低。

产品版本：提供试验性功能与服务。

产品策略：革新。

运营策略：颠覆性创新，果断取舍。

产品进入衰退期后，企业应重新进行市场细分，对产品进行颠覆性创新。若成功，则产品重入成长期，开始新的产品生命周期；若失败，则产品消亡。

6. 启示

导入期，创新能力最重要，打造专利壁垒。

成长期，销售最重要，持续打造规模效应壁垒。

成熟期，利润最重要，持续打造低成本和品牌壁垒。

衰退期，成本最重要，利用迁移成本减缓产品的衰退，或通过重新细分市场开拓新领域。

总之，企业应根据产品生命周期理论认真评估产品的发展阶段，合理设计产品的发展轨道，监控、分析产品运营数据，科学调整和优化营销策略，保证产品未来效益最大化。

11.2　产品销售周期规律

产品销售周期规律一般理解为单款产品的销售周期规律或者品类的销售周期规律，指的是单款产品或者品类销售的总时间跨度或各个时间段的销售变化规律。分析产品销售周期规律的目的是在有限的销售时间及各个时间段采用不同的产品管理策略，以达到销售最大化的目的。接下来从影响产品销售周期的因素及各个销售时间段的不同特点来逐一分析产品销售周期变化规律。

11.2.1　产品销售周期规律的影响因素

影响产品销售周期规律的因素包括以下几个。

（1）季节和气候等客观因素。

（2）竞品或自身同品类产品中有款式相近的产品出现。

（3）人为的产品调动。

（4）人的工作或生活因素。

根据销售周期的长度（日、周、月度、季度、年度），可以预测每个销售区域或渠道在一定时间内可以完成的交易数量，以及预测潜在客户是否会转化。

11.2.2　产品销售周期规律的类型

产品的销售周期规律，对不同业务而言是不一样的。很多时候，销售周期表现得并不直观，隐藏在日常起起伏伏的销售统计数据里，这时候就需要我们进一步分析。例如，某公众号某时间段的阅读人数统计如图 11-3 所示。

阅读人数

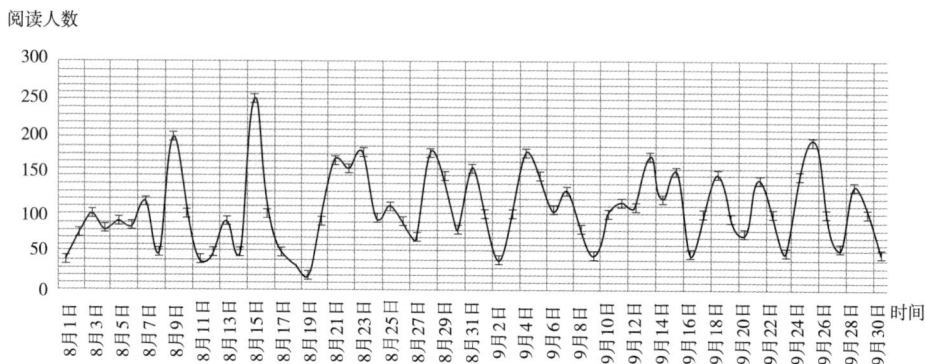

图 11-3　某公众号某时间段的阅读人数统计

乍一看，图 11-3 中的曲线是不是毫无规律可言？

这就需要我们进一步进行分析。为了更好地分析，一般取 1 年内或 6 个月内的每日数据。因为 6 个月的时间能涵盖 2 个季度，能体现季节性变化规律。同时，通过观察每日数据，判断是否有周或月度的周期性规律。由图 11-3 中蜿蜒起伏的曲线可以得知没有明显的月度规律，因为曲线在一个月度时间周期内没有一致的变化趋势或曲线走势。

大多数情况下，数据有月度规律，如图 11-4 所示。

销售额/万元

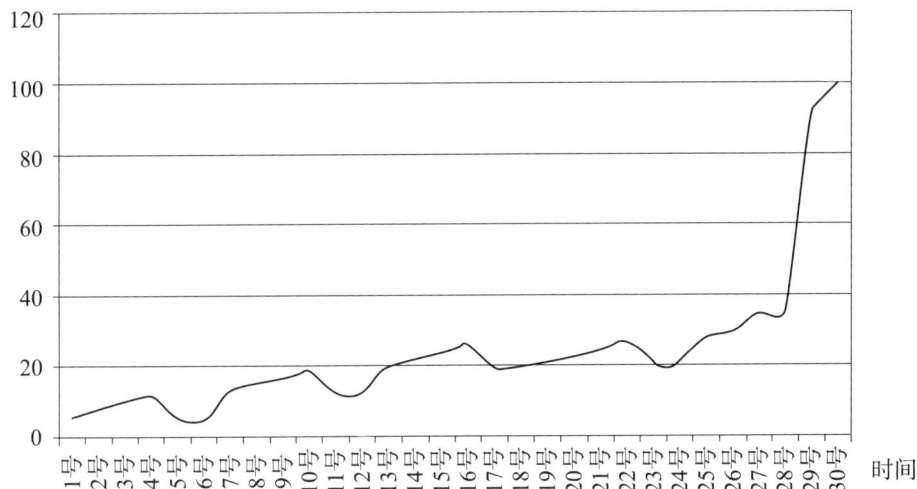

图 11-4 数据有月度规律示例

有时候一个月度周期中的数据没有一定的变化规律，如图 11-5 所示。

销售额/元

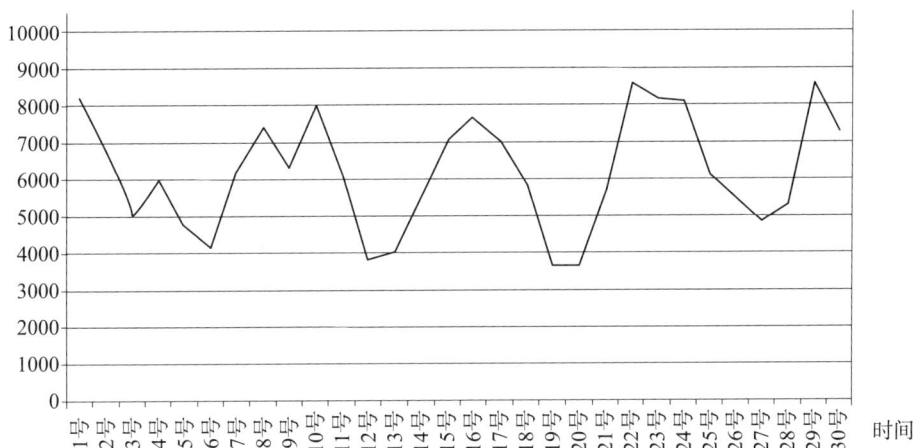

图 11-5 数据没有月度规律示例

为了找出产品销售的周期规律，可继续研究是否有更小周期的规律，把完整的数据从周一到周日对齐，然后做折线图，这样更容易观察出周规律。

我们可以把一个月分解成 4 周，可得产品销售统计表，如表 11-1 所示。然后，把表 11-1 中的数据做成以周为周期的折线图，观察是否有周规律。

表 11-1　产品销售统计表　　　　　　　　　　　　　　单位：万元

时间 ＼ 销售额	第 1 周	第 2 周	第 3 周	第 4 周
周一				
周二				
周三				
周四				
周五				
周六				
周日				

经过这样处理以后，可以看出周规律变化，表现为周一至周六逐步降低，周日反弹。如果根据每周一到周日的数据计算平均数，就能画出产品销售的周规律曲线，如图 11-6 所示。

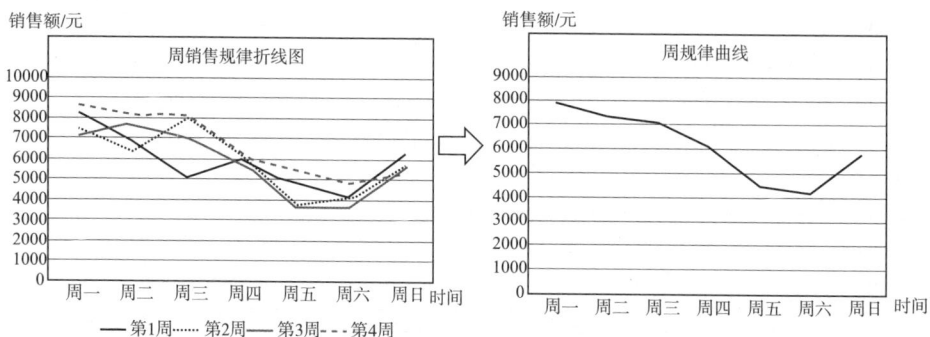

图 11-6　产品销售周规律曲线

周期性分析的主要目的是得出一个参考曲线，为进一步判断提供依据。周期曲线是拟合形成的一条曲线，可与某一个具体周期的数据进行对比，分析差异，如图 11-7 所示。

销售额/万元

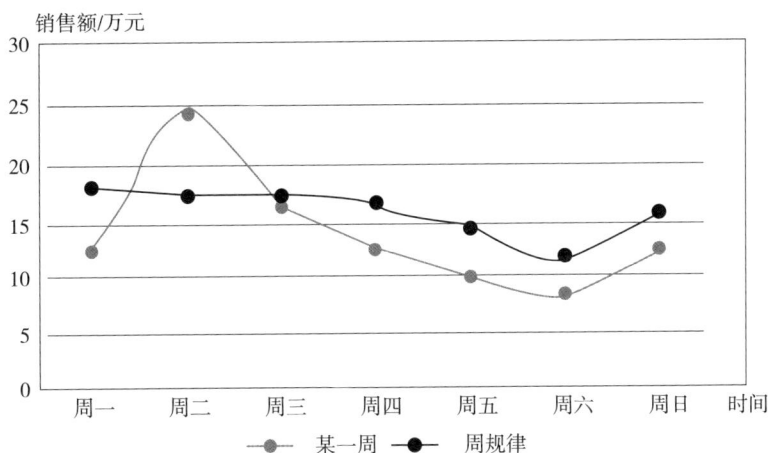

图 11-7　利用周规律评估异常值

图 11-7 中，周一、周二是明显的异常点。如果没有说明，就可能会认为是销售异常；如果数据异常是因为周一策划了产品促销，那么周一、周二的异常就不需要大惊小怪了。

产品的销售周期规律一般可分为趋势型、躺平型和周期型 3 种。

1. 趋势型

趋势型就是按照同一个趋势连续发展的态势，一般为连续递增或连续递减，如图 11-8 所示。

销售额/万元

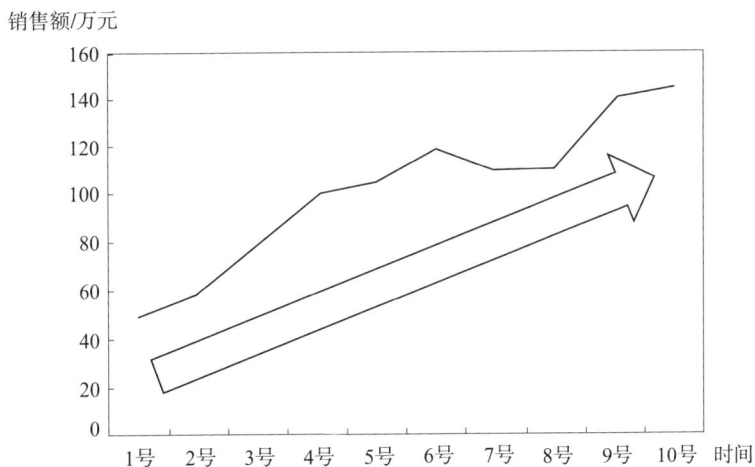

图 11-8　趋势型销售周期规律

2. 躺平型

躺平型数据变动较少，表现为一条直线，发展相对平稳，如图 11-9 所示。

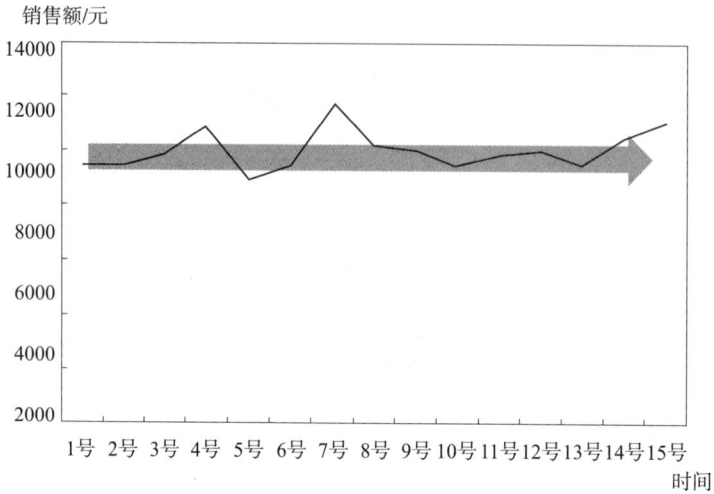

图 11-9　躺平型销售周期规律

3. 周期型

周期型就是数据呈有规律地周期性波动，如图 11-10 所示。

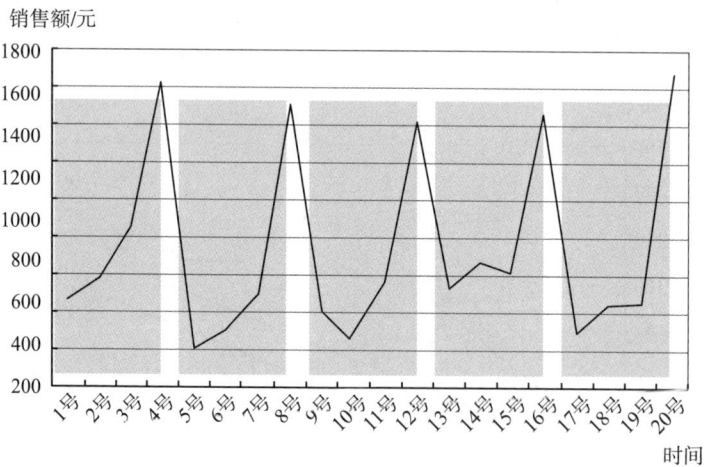

图 11-10　周期型销售周期规律

11.3　区域产品销量

11.3.1　产品销量的影响因素

1. 市场销售特征

市场销售特征包括季节、消费习惯、消费档次、关联消费能力、品类成熟度、品牌成熟度等。有些产品受季节因素影响，会出现淡季和旺季，受这种因素影响的销量下滑是无法得到根本性改善的。我们应该正确识别市场销售特征并加以利用。

2. 产品品牌的培育和推广

产品品牌的培育和推广是非常重要的，企业只有先把潜在市场做起来，才有可能形成后续的销售。

3. 产品的目标市场

产品目标市场范围的大小及潜在需求量、市场的集中与分散程度等都会影响产品销量。做好客户方面的筛选需要做好产品方面的分析，产品分析是对客户进行筛选的前提条件，要充分了解产品可以覆盖什么样的客户，产品的目标客户有多少。越多了解产品的客户，产品的销量才越大。

4. 营销渠道管理

在企业规模有限、跨地域销售能力有限的情况下，借助渠道的力量是非常明智的选择。渠道是多种多样的，企业可以根据自身特征和相关条件进行选择，争取找到最好的渠道，获得更多效益。

5. 竞争管理

市场竞争的激烈程度往往也会影响产品的销量，当今时代的竞争是非常激烈的，企业都是本着良性竞争的原则，将市场做大做强。

6. 营销区域

同一个产品在不同区域的销量往往差别较大。在不同的销售大区投入相同的资源，其产出也差别较大。因此，需要对企业当前的销售大区进行分析，以制定不同的销售目标。

区域因素影响产品销量有以下原因。

（1）市场潜力不同。一个产品可能在某个区域销量很好，但在另一个区域销量不好，在不同市场其潜力差别很大。

（2）品牌知名度不同。一个公司在某些区域投入的人力、物力不同，所以在不同区域的品牌知名度不同。

（3）贡献度不同。不同区域由不同的销售团队去开拓，相同的资源投入对公司的销售贡献度差别较大，公司需要找出增长较快、贡献大的区域。

11.3.2　产品销售区域的战略地图

销售区域是企业全部产品所覆盖的销售范围，一般企业会在多个不同的营销区域派遣不同的销售团队从事营销活动，实现产品销售。但因为不同区域的市场容量、消费习惯、竞争激烈程度、产品成熟度不同，所以往往其销售额也不同。企业应构建区域定级模型，从区域市场吸引力和区域市场竞争地位两个维度对所有销售区域进行分析与评估，根据区域市场吸引力和竞争地位的不同将区域定级模型分成 4 类区域，确定各区域的战略位置，形成产品销售区域的定级模型，如图 11-11 所示。

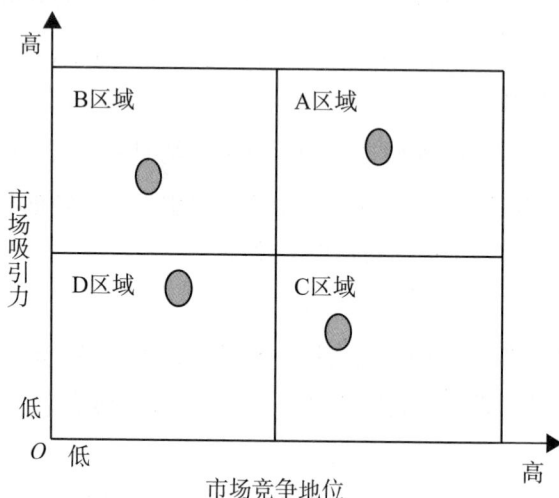

图 11-11　区域定级模型

利用区域定级模型可以清晰地掌握各区域的优势和劣势，方便企业对各区域制定相应的发展规划和策略，设计不同的产品销售目标和产品发展轨道。

在区域定级模型中，将销售区域划分为 A、B、C、D 4 类区域，其特点如下。

A 区域是产品的战略销售区域。这一区域具有比较高的市场吸引力和市场竞争地位，不但市场容量大、产品增长率高，而且产品的市场地位、市场占有率和消费者认可程度也比较高，产品处于高增长和销售规模大的阶段，是企业的主要利润来源，是企业发展的重要支撑区域。产品的营销政策应该向该区域倾斜，销售目标在现有销量基础上要有比较高的增长。A 区域是该产品销量的主要承担者。

B 区域是产品的重点关注区域。这一区域的市场吸引力比较高，但市场竞争地位较低，即产品的市场容量大、产品增长率高，产品即将进入高增长率周期，但是产品的市场占有率和消费者认可程度比较低，需要加大投入促使产品快速成长。在该区域增加投入可实现快速增长，虽然产品的绝对销售额不高，但该区域是产品高增长率的承担者。

C 区域属于重新细分市场。这一区域的市场吸引力比较低，甚至产品市场已经饱和，而市场竞争地位较高，市场占有率较高，也就是说该区域产品已经有了很好的知名度和品牌效应，消费者对该产品或企业的认可度都比较高，企业不应该再投入。针对该区域，应重点推广新产品或重新细分市场，寻找新的客户群。该区域的产品是销售额的主要承担者，因为基数较大，增长率较小，产品的运营规律已经成熟，产品的发展轨道也能较准确预测。

D 区域是产品的自然成长区域。这一区域的市场吸引力和市场竞争地位都比较低，不但市场容量小、产品增长率低，而且产品的市场地位、市场占有率和消费者认可程度也比较低，产品处于低增长或负增长的状态，短期内惯性增长。应将产品的促销政策取消，把有限的资源投入高增长的区域，而任由 D 区域自然成长，根据后期发展情况再确定具体策略，不浪费资源。

为了更好地进行产品经营预警管理，对产品销售区域进行战略定级非常有意义。

1.明确产品销售区域

区域的划分通常有两种方式，按行政区域划分或按经济带划分，每种划分方式都包括两个层级，最终层级一般按我国的省 / 自治区 / 直辖市的名称呈现。划分方式可根据本公司的发展战略进行选择，不同发展时期其销售区域划分不同，可以按照公司当前的实际销售区域进行评估，形成自己的产品战略地图。行政区域划分方式比较常见，它比按经济带划分更为细致和具体，如表11-2所示。

表11-2 产品销售区域划分参考标准

划分方式	划分内容
按行政区域划分	华东地区、华南地区、华中地区、华北地区、西北地区、西南地区、东北地区、港澳台地区
按经济带划分	东部沿海地区、中部内陆地区、西部边远地区

2.产品销售区域定级

参照表11-2的划分标准明确本公司的销售区域，然后利用区域定级模型对本企业的所有销售区域进行定级。该模型从区域市场吸引力和区域市场竞争地位两个维度分析、判断企业各销售区域的市场位置。

（1）区域市场吸引力。

区域市场吸引力是指公司产品/服务在该区域能引导人们购买和使用的力量，可通过本区域的市场容量、市场增长率、市场竞争程度、收益率等影响因素综合判断。通过它可以识别出对企业发展具有较大贡献潜能和开发价值的区域。

根据区域市场吸引力的含义，我们可推导出区域市场吸引力的计算方法，见式（11-1）。区域变量的中文含义1如表11-3所示。

表11-3 区域变量的中文含义1

区域变量	代替字母	区域变量	代替字母
区域i的市场吸引力（Market Attractiveness）	MA_i	区域i的市场容量（Market Capacity）	MC_i
区域i的市场竞争程度（Competition Degree）	CD_i	区域i的市场增长率（Market Growth Rate）	MGR_i

区域变量	代替字母	区域变量	代替字母
区域 i 产品 j 的市场竞争程度 （Product Competition Degree）	PCD_{ij}	区域 i 的产品销售总额 （Product Gross Sales）	PGS_i
恩格尔系数 （Engel's Coefficient）	EC	区域 i 中产品 j 的销售额 （Product Sales）	PS_{ij}
区域 i 产品 j 的市场增长率 （Product Market Growth Rate）	$PMGR_{ij}$	居民消费价格指数 （Consumer Price Index）	CPI
人均收入增长率 （Per Capita Income Growth Rate）	$PCIGR_i$	最大 （Maximum）	max
区域 i 的人口数 （Regional Population）	RP_i	最小 （Minimum）	min
区域 i 的人均收入 （Per Capita Income）	PCI_i		

$$MA_i = \frac{MC_i}{\max MC} \times a_1 + \frac{CD_i}{\max CD} \times a_2 + \frac{MGR_i}{\max MGR} \times a_3 \quad (11-1)$$

其中，MC、CD、MGR 的计算方式见以下 3 个公式：

$$MC_i = \frac{PCI_i \times RP_i(1-EC)}{\max[PCI \times RP(1-EC)]} \times b_1 + \frac{PCIGR_i}{\max PCIGR} \times b_2 + \frac{1-CPI_i}{1-\min CPI} \times b_3 \quad (11-2)$$

$$CD_i = \frac{PS_{i1}}{PGS_i} \times PCD_{i1} + \frac{PS_{i2}}{PGS_i} \times PCD_{i2} + \cdots + \frac{PS_{ij}}{PGS_i} \times PCD_{ij} \quad (11-3)$$

$$MGR_i = \frac{PS_{i1}}{PGS_i} \times PMGR_{i1} + \frac{PS_{i2}}{PGS_i} \times PMGR_{i2} + \cdots + \frac{PS_{ij}}{PGS_i} \times PMGR_{ij} \quad (11-4)$$

$i=1$，2，3，…，代表不同的区域；$j=1$，2，3，…，代表不同的产品；a、b 为相应公式的权重，且 $\sum\limits_{i=1}^{3} a_i = a_1 + a_2 + a_3 = 100\%$，$\sum\limits_{i=1}^{3} b_i = b_1 + b_2 + b_3 = 100\%$。

（2）区域市场竞争地位。

区域市场竞争地位是指企业在该区域市场竞争中所占据的位置，可通过本区域的市场份额、品牌优势、产品优势等因素综合判断。通过它可以识别出具有较大投入产出比、较高回报率的区域。

同理，我们推导出区域市场竞争地位的详细计算方法，见式（11-5）。区域变量的中文含义 2 如表 11-4 所示。

表 11-4　区域变量的中文含义 2

区域变量	代替字母	区域变量	代替字母
区域 i 的市场竞争地位 （Market Competition Position）	MCP_i	区域 i 的市场份额 （Market Shares）	MS_i
区域 i 的品牌优势 （Brand Awareness）	BA_i	最大 （Maximum）	max
区域 i 的产品优势 （Product Advantages）	PA_i		

$$MCP_i = \frac{MS_i}{\max MS} \times c_1 + \frac{BA_i}{\max BA} \times c_2 + \frac{PA_i}{\max PA} \times c_3 \qquad （11-5）$$

$i=1$，2，3，…，代表不同的区域；c_1，c_2，c_3 为相应公式的权重，且 $\sum_{i=1}^{3} c_i = c_1 + c_2 + c_3 = 100\%$。

根据以上公式分别计算企业产品的各销售区域的市场吸引力和市场竞争地位，然后根据所得结果构建区域定级模型。通过该模型可以掌握公司销售区域的整体表现及特征，有利于制定产品的销售目标和产品销售发展轨道，为产品经营预警管理打下坚实的基础。

案例分享

以 ×× 公司为例，对其主要销售区域进行分析。公司共有 24 个主要销售区域。针对公司的数据可获得性、行业特点和公司的实际情况，区域市场吸引力和市场竞争地位的影响因素选取与计算方法如下。

（1）区域的市场吸引力 MA。

选取了市场容量 MC（50%）、市场的增长率 MGR（30%）和市场竞争程度 CD（20%）3 个主要指标计算区域的市场吸引力，如式（11-1）所示。

$$MA_i = \frac{MC_i}{\max MC} \times a_1 + \frac{CD_i}{\max CD} \times a_2 + \frac{MGR_i}{\max MGR} \times a_3$$

$$a_1=0.5，a_2=0.3，a_3=0.2$$

$$\sum_{i=1}^{3} a_i = a_1 + a_2 + a_3 = 100\%$$

$$i=1，2，3$$

以广州区域为例，广州在以上 3 个指标中，分别得分为 $MC_1=5$，$MGR_1=5$，$CD_1=5$。故

$$MA_1 = \frac{5}{5} \times 0.5 + \frac{5}{5} \times 0.3 + \frac{5}{5} \times 0.2 = 1$$

因此，广州的市场吸引力得分为 1。

（2）区域的市场竞争地位 MCP。

选取市场份额 MS（60%）、本公司的产品优势 PA（15%）、品牌优势 BA（25%）三个主要指标计算区域的市场竞争地位，如式（11–5）所示。

$$MCP_i = \frac{MS_i}{\max MS} \times c_1 + \frac{BA_i}{\max BA} \times c_2 + \frac{PA_i}{\max PA} \times c_3$$

$$c_1=0.6，c_2=0.15，c_3=0.25$$

$$\sum_{i=1}^{3} c_i = c_1 + c_2 + c_3 = 100\%$$

$$i=1，2，3$$

同样以广州区域为例，广州在以上 3 个指标中，分别得分为 $MS_1=2$，$PA_1=2$，$BA_1=3$，故

$$MCP_i = \frac{2}{5} \times 0.6 + \frac{2}{5} \times 0.15 + \frac{3}{5} \times 0.25 = 0.45$$

因此，广州的市场竞争地位得分为 0.45。

结果整理如表 11–5 所示。

表 11–5　广州区域市场吸引力和竞争地位的影响因素权重及得分

市场吸引力影响因素	权重	分数	市场竞争地位影响因素	权重	分数
市场容量（MC）	50%	0.50	市场份额（MS）	60%	0.24
市场增长率（MGR）	30%	0.30	产品优势（PA）	15%	0.06

市场吸引力影响因素	权重	分数	市场竞争地位影响因素	权重	分数
市场竞争程度（CD）	20%	0.20	品牌优势（BA）	25%	0.15
综合评分	100%	1.00	综合评分	100%	0.45

按照以上计算方法，得出该公司销售区域市场吸引力和市场竞争地位的值，整理结果如表11-6所示。

表11-6　××公司销售区域市场吸引力和市场竞争地位计算结果

序号	区域名称	市场竞争地位得分	市场吸引力得分	序号	区域名称	市场竞争地位得分	市场吸引力得分
1	广东	0.45	1.00	13	陕西	0.44	0.44
2	山东	0.44	0.85	14	福建	0.30	0.42
3	浙江	0.42	0.83	15	重庆	0.43	0.41
4	湖南	0.27	0.70	16	江西	0.47	0.40
5	江苏	0.39	0.66	17	山西	0.38	0.40
6	四川	0.36	0.65	18	广西	0.31	0.40
7	河南	0.39	0.54	19	辽宁	0.31	0.40
8	北京	0.37	0.58	20	云南	0.46	0.38
9	上海	0.39	0.59	21	黑龙江	0.28	0.38
10	河北	0.42	0.53	22	天津	0.21	0.35
11	安徽	0.62	0.52	23	甘肃	0.39	0.35
12	湖北	0.54	0.44	24	新疆	0.35	0.20

利用区域定级模型对该公司的24个主要销售区域进行定级，如图11-12所示。从图中可以看出，广东、山东、浙江这3个地区具有较强的市场竞争地位和市场吸引力，安徽、江西、湖北等地也是该公司的重点销售区域，湖南、四川、上海等具有较大的市场潜力，新疆、天津、

黑龙江等区域目前市场相对较弱。

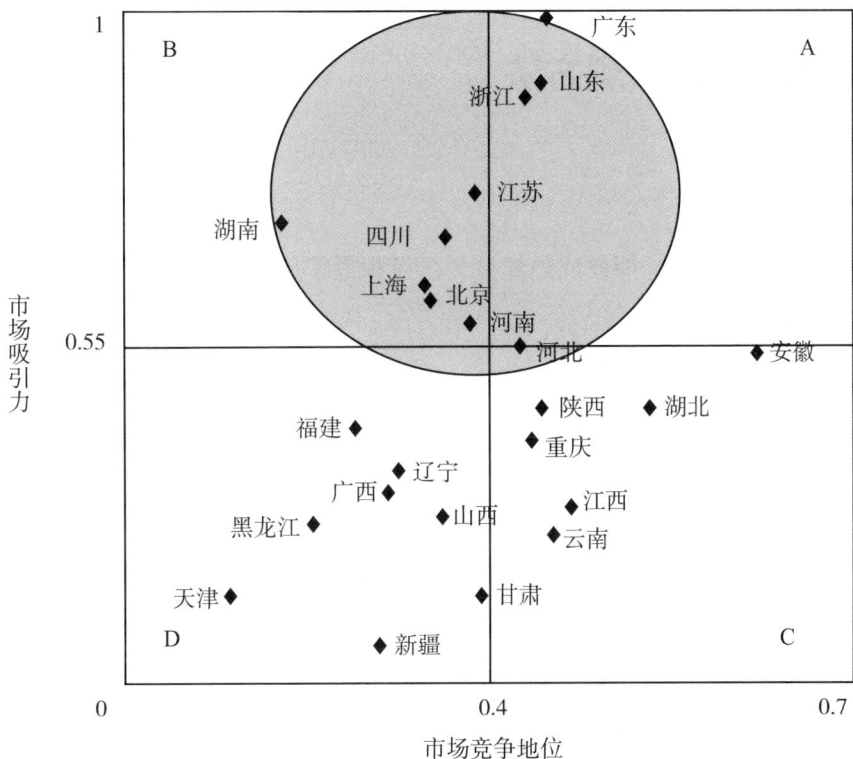

图 11-12　××公司区域战略定级模型

　　由于没有考虑区域消费习惯、市场基础等因素，那些消费习惯好、市场基础好的区域的市场吸引力都普遍下降了，也就是说在区域定级模型中的位置都普遍下移了。从图 11-12 的区域战略定级模型中可以看出，下一年的产品销售量的主要承担者为山东、广东、湖北、陕西、重庆、河北、安徽等销售区域，产品增长率的主要承担者为湖南、江苏、上海、河南、四川、北京等销售区域。

第12章
产品销售预测方法

当产品进入成长期或成熟期后，已经积累了足够的数据可以对未来的销售趋势进行预测。

为什么要做销售预测呢？

一方面，能够使产品库存管理更加高效；另一方面，有助于探索影响销售的因子与销量之间的关系，帮助制定销售目标。

销售预测不仅需要考虑周期性、区域性，还要把业务规律等因素量化。

从本质上看，产品销售预测方法可分为基于时间序列的预测、基于因果关系的预测以及基于业务逻辑的预测 3 种。

12.1 基于时间序列的预测

时间序列的实质是过去的走势在未来重现。我们需要重点找出过去的走势规律，得出一个拟合函数，然后代入未来的时间节点，得出产品的预测销量。时间序列适合数据量比较少的情况，特别是只有一个销售额总量的时候。

基于时间序列的产品销售预测，可分为趋势型、躺平型和周期型 3 种。

12.1.1 趋势型产品销售预测

1. 趋势型产品销售预测的步骤

（1）观察趋势形态。根据过去时间段的数据画折线图，观察产品销量趋势。

（2）处理数据并制作趋势线。处理相关的数据并制作趋势线。

（3）选择趋势线形状。根据观察和制作的趋势线，进一步分析趋势线的形状，确定其属于躺平型、趋势型和周期型中的哪一种，有助于后续的分析与预测。

（4）确定趋势线公式。选定一种或几种可能的趋势线，并通过平方值确定趋势线的公式。

（5）预测未来数值。输入趋势线公式，拟合各时间序列的预测销量。

（6）评价并确定预测目标。通过均方差公式求出各个趋势线方案的均方差数值，选取均方差数值较小的趋势线预测数值为未来目标。

2.趋势型产品销售预测的实例

以产品 A 自 2021 年 9 月到 2022 年 6 月的销售额为例，详细论述预测未来销售额的过程。产品 A 的销售额数据如表 12-1 所示。

表 12-1　产品 A 的销售额

时间	产品 A 销售额 / 元
2021 年 9 月	297288
2021 年 10 月	397536
2021 年 11 月	551381
2021 年 12 月	658692
2022 年 1 月	716087
2022 年 2 月	828272
2022 年 3 月	810763
2022 年 4 月	919721
2022 年 5 月	1036589
2022 年 6 月	1097818

要预测 2022 年 7 月产品 A 的销售额，该如何做呢？其预测过程如下。

（1）观察趋势形态。

画出产品 A 的销售折线图，如图 12-1 所示。可见这是典型的趋势型产品，应该使用趋势型产品销量预测方法。

销售额/元

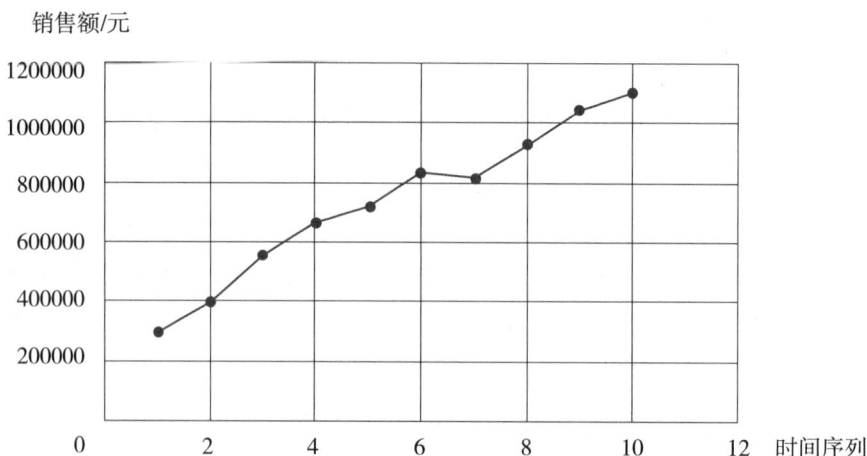

图 12-1　产品 A 的销售折线图

（2）处理数据并制作趋势线。

可使用 Excel 表格工具制作新的折线图，得出该图的趋势线。首先，把销售额的数据填在 Excel 表格中。其次，按时间重新进行排序，形成时间序列。最后，单击折线，右击，在文本框中找到并选择"添加趋势线（R）"，点击添加趋势线，如图 12-2 所示。

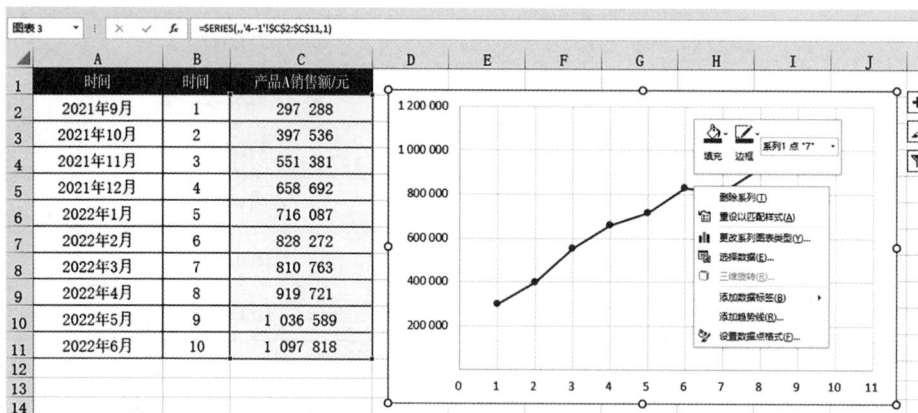

图 12-2　添加趋势线

（3）选择趋势线形状。

第一步，在"趋势线选项"的下方找到"显示公式（E）"与"显示 R 平方值"，并选中前面的方框中的"√"，以显示趋势线公式和 R 平方值。

第二步，根据折线图的形状，选择合适的趋势线形状。可以尝试每一种趋势线形状，看看哪个与实际情况拟合得更好（R 平方值越接近 1 拟合度越好）。其中多项式（P）的阶数（D）可以选择多个数值测试。本案例中的产品 A 的趋势线，既可以选择线性，也可以选择多项式，如图 12-3 所示。

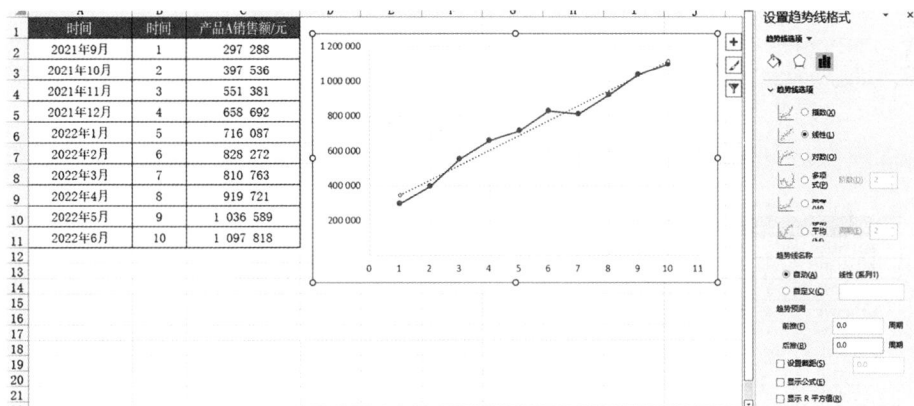

图 12-3　选择趋势线形状

选择趋势线形状的基本原则如下。

①选取的趋势线尽量和实际走势接近。

②R 平方值尽量接近 1（习惯上不小于 0.6）。如果选择多项式，还可以通过调整阶数，提高趋势线的 R 平方值，让趋势线更接近实际走势形状。

③一般选择多项式（P）时，阶数（D）参数越大，得出的函数公式也越复杂。原则上，不需要特别复杂的公式，模拟的曲线趋势与实际情况尽量接近，如图 12-4 所示。

（4）确定趋势线公式。

第一步，单击横轴的坐标，并选中"标签选项"中的"数字"，根据情况保留公式的小数位数。

第二步，把预测模型的函数公式填进单元格，得出预测结果，如图 12-5 所示。

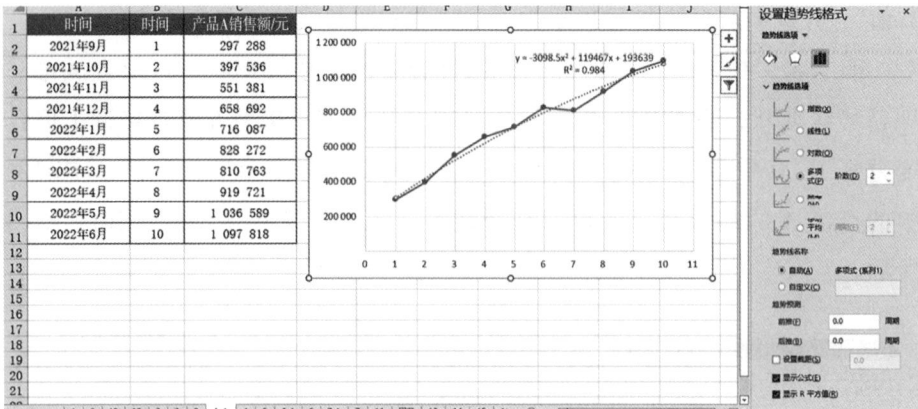

图 12-4　趋势线选择

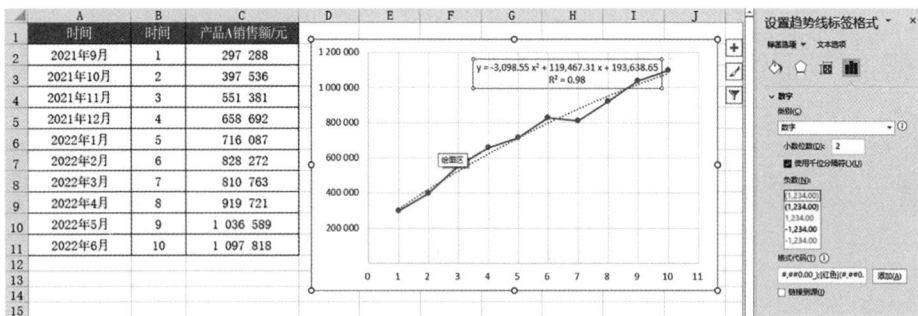

图 12-5　趋势函数

公式里的 y 就是预测产品 A 的销售额（因变量），x 是自变量，也就是时间，x^2 就是"时间 × 时间"，x^3 就是"时间 × 时间 × 时间"。

对于本案例的产品 A 来说，因为选择线性形状和多项式形状的拟合度都比较好，R 平方值都在 98% 以上，可选择多种趋势形状预测，所以可把多种函数公式求出来，如图 12-6 所示。

线性形状的函数公式为式（12-1），其中 R 平方值为 0.9758，拟合度比较好。

$$y=8538.27x+261806.7 \tag{12-1}$$

多项式（P）中阶数（D）为"2"的函数公式为式（12-2），其中 R 平方值为 0.98，拟合度比较好，如图 12-7 所示。

$$y=-3098.5x^2+119467x+193639 \tag{12-2}$$

销售额/元

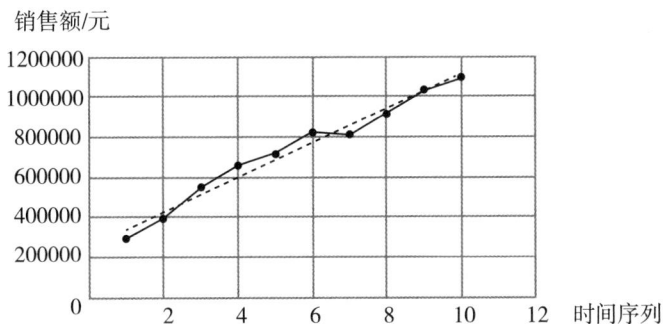

图 12-6　线性形状的函数公式

销售额/元

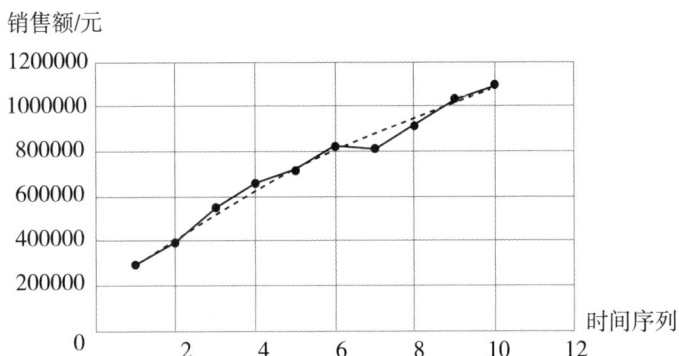

图 12-7　阶数（D）为"2"的函数公式

多项式（P）中阶数（D）为"3"的函数公式为式（12-3），其中 R 平方值为 0.9902，拟合度比较好，如图 12-8 所示。

$$y=1111.7x^3-21442x^2+204070x+98252 \tag{12-3}$$

销售额/元

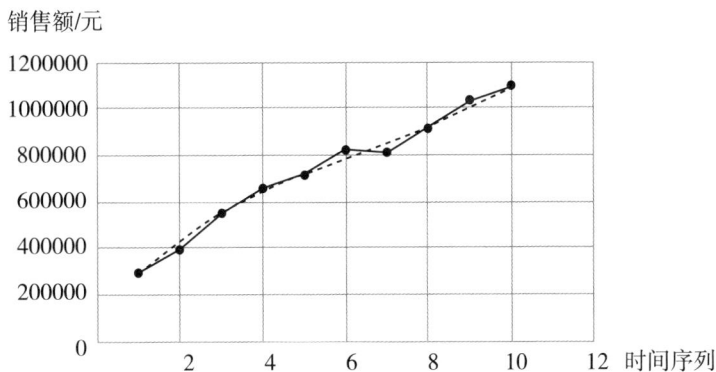

图 12-8　阶数（D）为"3"的函数公式

（5）预测未来数值。

趋势线拟合的原理，就是假设数据随着时间变化而变化。因变量是数据指标，自变量就是时间，以及时间的各种形态，比如时间的平方、对数、指数等。这种方式适用于短期预测，不适合长期预测，建议采用这种方式进行滚动预测。

本案例中的产品 A 有 2021 年 9 月至 2022 年 6 月共 10 个数据，要预测下个月即 2022 年 7 月的销售额，也就是第 11 个数据，时间序列是 11，时间序列平方是 121，时间序列的三次方是 1331，代入公式，就能算出预测值。预测过程如下。

第一步，把趋势线的函数公式输入 Excel 表上方的"f（x）"公式栏中。

第二步，计算 2021 年 9 月的趋势线拟合值，下拉拟合出其他时间序列的拟合值。得出线性趋势的 2022 年 7 月的预测产品 A 销售额为 1201023 元。

第三步，同理，计算得出 2 次方趋势的 2022 年 7 月的预测产品 A 销售额为 1132855 元。计算得出 3 次方趋势的 2022 年 7 月的预测产品 A 销售额为 1228238 元。如图 12-9 所示。

时间	产品A销售额	时间序列	时间序列的平方	时间序列的三次方	线性拟合	2次方拟合	3次拟合
2021年9月	297 288	1	1	1	347 190	310 007	281 992
2021年10月	397 536	2	4	8	432 573	420 179	429 518
2021年11月	551 381	3	9	27	517 957	524 154	547 500
2021年12月	658 692	4	16	64	603 340	621 931	642 609
2022年1月	716 087	5	25	125	688 723	713 511	721 516
2022年2月	828 272	6	36	216	774 106	798 895	790 890
2022年3月	810 763	7	49	343	859 490	878 081	857 402
2022年4月	919 721	8	64	512	944 873	951 070	927 722
2022年5月	1 036 589	9	81	729	1 030 256	1 017 862	1 008 522
2022年6月	1 097 818	10	100	1 000	1 115 639	1 078 457	1 106 470
2022年7月		11	121	1 331	1 201 023	1 132 855	1 228 238

图 12-9　预测未来数值

（6）评价并确定预测目标。

多种趋势形状预测的数值虽然非常接近，但是最终选取哪个预测值作为最后设定的目标呢？计算平均平方差（MSE），看看哪个方法的 MSE 数值小，就用哪个。

在 Excel 表格中，查找出计算平均平方差的公式。直接应用并计算出线性拟合的平均平方差为 1494619041、987685850、605926132，如图 12-10 所示。

	A	B	C	D	E	F	G	H
					H13 fx =1111.73*E13-21442.13*D13+204070.12*C13+98252.03			
1	时间	产品A销售额	时间序列	时间序列的平方	时间序列的三次方	线性拟合	2次方拟合	3次方拟合
2	2021年9月	297 288	1	1	1	347 190	310 007	281 992
3	2021年10月	397 536	2	4	8	432 573	420 179	429 518
4	2021年11月	551 381	3	9	27	517 957	524 154	547 500
5	2021年12月	658 692	4	16	64	603 340	621 931	642 609
6	2022年1月	716 087	5	25	125	688 723	713 511	721 516
7	2022年2月	828 272	6	36	216	774 106	798 895	790 890
8	2022年3月	810 763	7	49	343	859 490	878 081	857 402
9	2022年4月	919 721	8	64	512	944 873	951 070	927 722
10	2022年5月	1 036 589	9	81	729	1 030 256	1 017 862	1 008 522
11	2022年6月	1 097 818	10	100	1 000	1 115 639	1 078 457	1 106 470
12				平均平方差		1494 619 041	987 685 850	605 926 132
13	2022年7月		11	121	1 331	1 201 023	1 132 855	1 228 238

图 12-10　预测值平均平方差

很明显，3 次方拟合的 MSE 值更小，应该选择 3 次方拟合的 1228238 元为 2022 年 7 月产品 A 销售额目标。

这种趋势拟合是进行趋势型预测的非常快捷的方法，其优点如下：

①需要的数据少，只有几个数据也能预测；

②能模拟曲线走势，不会出现方向性错误。

这个预测模型一般能够充分满足对建模的需求，但缺点也是很明显的，即不适合长期预测，只适合短期预测。

12.1.2　躺平型产品销售预测

躺平型产品销售预测的步骤可分为 5 步，如图 12-11 所示。

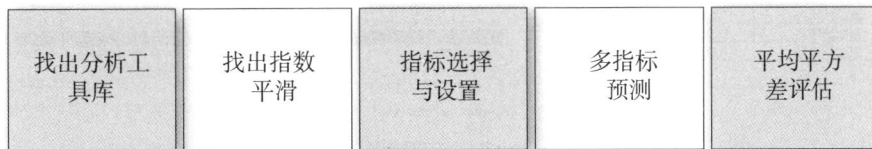

找出分析工具库	找出指数平滑	指标选择与设置	多指标预测	平均平方差评估

图 12-11　躺平型产品销售预测的步骤

示例：某商超销售业绩数据如图 12-12 所示，请预测其 2022 年 8 月的销售业绩。

时间	销售业绩/元
2021年6月	95 118
2021年7月	98 612
2021年8月	101 126
2021年9月	108 011
2021年10月	95 163
2021年11月	98 508
2021年12月	110 012
2022年1月	102 257
2022年2月	101 621
2022年3月	98 567
2022年4月	98 912
2022年5月	102 289
2022年6月	99 875
2022年7月	104 381

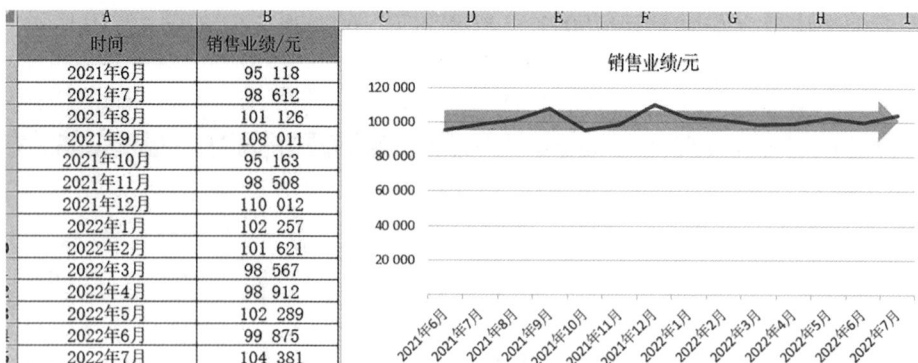

图 12-12　某商超销售业绩

图中的销售趋势线是平直的，可以看到商超销售业绩就是围绕 100000 元的线上下波动，那么能直接按照 100000 元去预测吗？答案是可以的。躺平型只要躺得够"平"，就可以用平均值来作预测值，也可以采用移动平均值法算出近期的数据平均值作为预测值。

1. 找出分析工具库

首先，单击 Excel 表左上方的"文件"，再单击下面的"选项"，然后单击"加载项"，最后在加载项中选中"分析工具库"，如图 12-13 所示。

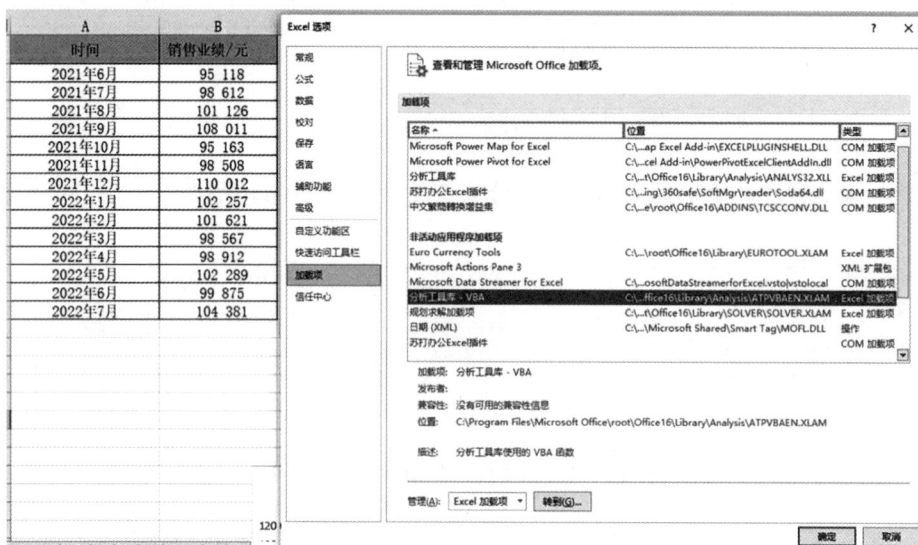

图 12-13　找出分析工具库

2. 找出指数平滑

在图 12-13 中，单击下方的"转到（G）……"按钮，选"分析工具库"复选框，单击"确定"按钮，就能在上方工具栏中单击"数据"选项卡后，找到"数据分析"按钮。如图 12-14 所示。

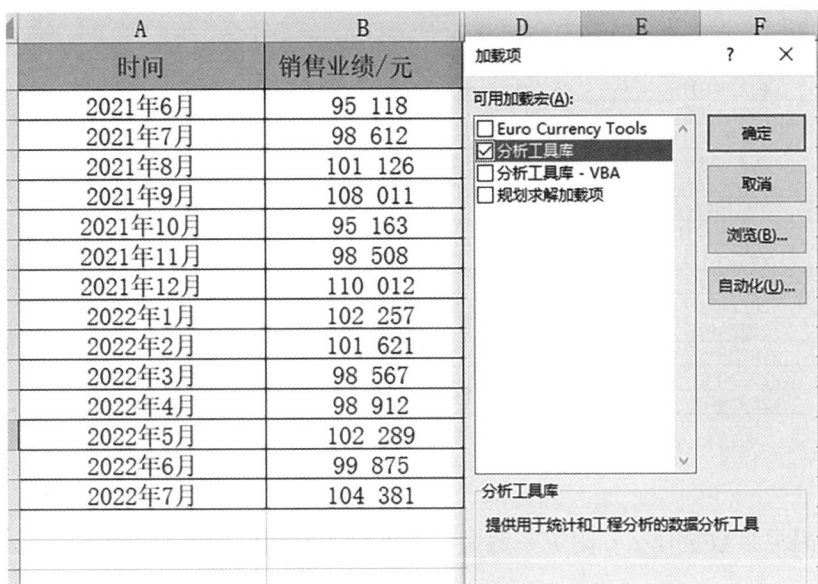

	A	B		D	E	F
	时间	销售业绩/元		加载项		? ✕
	2021年6月	95 118		可用加载宏(A):		
	2021年7月	98 612		☐Euro Currency Tools		确定
	2021年8月	101 126		☑分析工具库		
	2021年9月	108 011		☐分析工具库 - VBA		取消
	2021年10月	95 163		☐规划求解加载项		
	2021年11月	98 508				浏览(B)…
	2021年12月	110 012				
	2022年1月	102 257				自动化(U)…
	2022年2月	101 621				
	2022年3月	98 567				
	2022年4月	98 912				
	2022年5月	102 289		分析工具库		
	2022年6月	99 875		提供用于统计和工程分析的数据分析工具		
	2022年7月	104 381				

图 12-14　分析工具库

单击该按钮，就能看到各种常见的分析工具了，可在其中选择"指数平滑"，如图 12-15 所示。

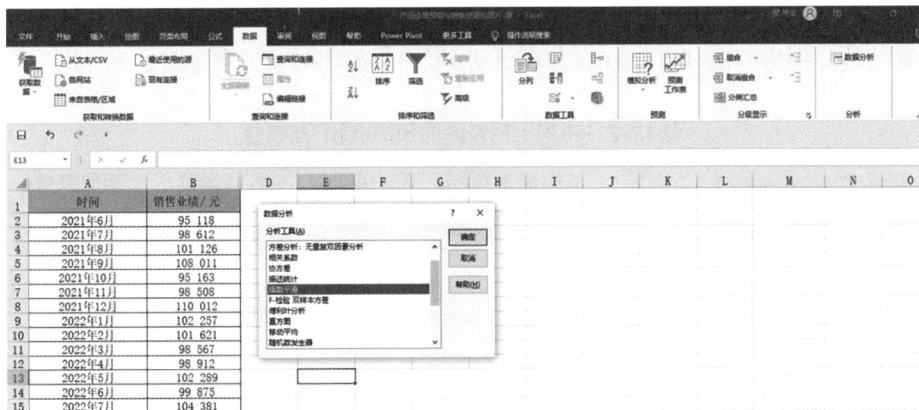

图 12-15　指数平滑

3. 指标选择与设置

做好数据处理，选择指数平滑方法。选择输入区域（B2：B15），设好阻尼系数，可先设定阻尼系数为 0.9，选择输出区域（C2：C15），单击"确定"按钮即可形成阻尼系数为 0.9 的预测销售业绩，如图 12-16 所示。

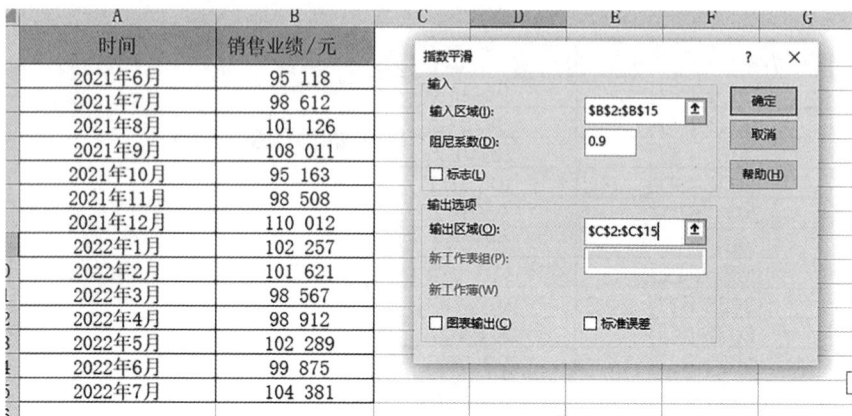

图 12-16　不同阻尼系数的预测

阻尼系数是什么？阻尼系数是一个 0 到 1 之间的数字，可以简单有如下理解：

（1）阻尼系数越大，真实值权重越小，即历史情况参照意义越小；

（2）阻尼系数越小，真实值权重越大，即历史情况参照意义越大。

4. 多指标预测

同理，按照同样的步骤设定不同的阻尼系数预测销售业绩值，比如设阻尼系数分别为 0.8、0.7、0.6，分别计算预测值及 MSE 值，如表 12-2 所示。

表 12-2　不同阻尼系数的预测值和 MSE 值

时间	销售业绩／元	阻尼系数 0.9	阻尼系数 0.8	阻尼系数 0.7	阻尼系数 0.6
2021 年 6 月	95118				
2021 年 7 月	98612	95118	95118	95118	95118
2021 年 8 月	101126	95467	95817	96166	96516
2021 年 9 月	108011	96033	96879	97654	98360

时间	销售业绩 / 元	阻尼系数 0.9	阻尼系数 0.8	阻尼系数 0.7	阻尼系数 0.6
2021 年 10 月	95163	97231	99105	100761	102220
2021 年 11 月	98508	97024	98317	99082	99397
2021 年 12 月	110012	97173	98355	98910	99042
2022 年 1 月	102257	98457	100686	102240	103430
2022 年 2 月	101621	98837	101000	102245	102961
2022 年 3 月	98567	99115	101125	102058	102425
2022 年 4 月	98912	99060	100613	101011	100882
2022 年 5 月	102289	99045	100273	100381	100094
2022 年 6 月	99875	99370	100676	100953	100972
2022 年 7 月	104381	99420	100516	100630	100533
2022 年 8 月	预测值	99916	101289	101755	102072
	MSE 值	337709958	222541674	164081301	122513725

5. 平均平方差评估

在 Excel 表格中, 查找出计算 MSE 值的公式。直接应用并计算出线性拟合的 MSE 值很明显, 阻尼系数为 0.6 的 MSE 值更小, 应该选择阻尼系数为 0.6 的预测值作为 2022 年 8 月商超的销售业绩目标。

12.1.3　周期型产品销售预测

周期型产品销售预测的步骤可分为数据改造、回归分析、解读分析数据、预测业绩数值 4 步。

示例: 某店铺销售业绩走势如图 12-17 所示, 如何对其 2022 年度的销售业绩作预测呢?

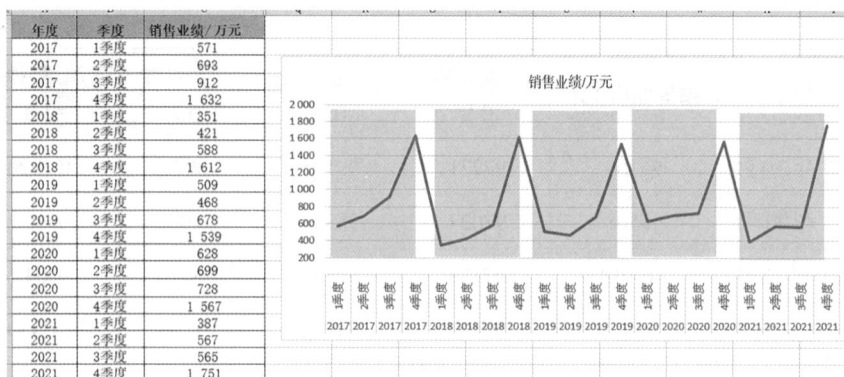

图 12-17　某店铺销售业绩走势

显然，店铺业绩是受季节影响的，周期性规律明显，其中第 4 季度是旺季。这种走势不能直接用趋势线来模拟，模拟出的趋势线 R 平方值为 0，完全不能用。需要将数据改造成可以用趋势线模拟的形式。

1. 数据改造

通过数据处理，模拟出季节变化趋势，即为季节多元回归。增加时间序列，并把 4 个季度处理成数值，1 季度为 100，2 季度为 010，3 季度为 001，4 季度为 000，如表 12-3 所示。

表 12-3　季节变化的数据改造

年度	季度	销售业绩 / 万元	时间序列	1 季度	2 季度	3 季度
2017	1 季度	571	1	1	0	0
2017	2 季度	693	2	0	1	0
2017	3 季度	912	3	0	0	1
2017	4 季度	1632	4	0	0	0
2018	1 季度	351	5	1	0	0
2018	2 季度	421	6	0	1	0
2018	3 季度	588	7	0	0	1
2018	4 季度	1612	8	0	0	0
2019	1 季度	509	9	1	0	0

年度	季度	销售业绩 / 万元	时间序列	1 季度	2 季度	3 季度
2019	2 季度	468	10	0	1	0
2019	3 季度	678	11	0	0	1
2019	4 季度	1539	12	0	0	0
2020	1 季度	628	13	1	0	0
2020	2 季度	699	14	0	1	0
2020	3 季度	728	15	0	0	1
2020	4 季度	1567	16	0	0	0
2021	1 季度	387	17	1	0	0
2021	2 季度	567	18	0	1	0
2021	3 季度	565	19	0	0	1
2021	4 季度	1751	20	0	0	0

这便是模拟了季节变化的时间趋势的周期规律，其他的周期循环也可以作类似处理后使用回归分析方法进行销售业绩预测。

2. 回归分析

季节多元回归，也适用回归分析。使用 Excel 回归分析的路径为单击"数据"，并在数据栏目下的右侧单击"数据分析"，再找到并单击"回归"，打开"回归"文本框；输入参数，即将销售业绩输到"y 值输入区域"，时间序列和改造后的季节周期规律一并输入到"x 值输入区域"，选中"输出区域"单选按钮，最后单击"确定"按钮，即出现了回归分析。如图 12-18 所示。

3. 解读分析数据

输出回归分析结果，如图 12-19 所示，并进行分析如下。

（1）R 平方值越接近 1 越好，不得小于 0.6。本案例分析的 R 平方值为 0.95，说明回归的拟合度非常好。

（2）P 值越小越好，本案例分析的各个参数的 P 值除了 x_1 以外都是 0。

图 12-18　回归分析

图 12-19　回归分析结果

模型可用，可得到回归方程式：

$$y=1652-2.66 \times \text{时间序列} -1139.99x_1-1055.93x_2-928.66x_3 \qquad （12-4）$$

4. 预测业绩数值

预测下个年度即 2022 年 4 个季度的销售业绩，可以增加一个周期，然后代入公式即可得到 2022 年 1 季度为 512 万元，2 季度为 596 万元，3 季度为 723 万元，4 季度为 1652 万元，如图 12-20 所示。

| C25 | ▼ | : | × | ✓ | fx | =1652-1139.99*E25-1055.93*F25-928.66*G25 | | |

▲	A	B	C	D	E	F	G
1	年度	季度	销售业绩/万元	时间序列	x1	x2	x3
2	2017	1季度	571	1	1	0	0
3	2017	2季度	693	2	0	1	0
4	2017	3季度	912	3	0	0	1
5	2017	4季度	1 632	4	0	0	0
6	2018	1季度	351	5	1	0	0
7	2018	2季度	421	6	0	1	0
8	2018	3季度	588	7	0	0	1
9	2018	4季度	1 612	8	0	0	0
10	2019	1季度	509	9	1	0	0
11	2019	2季度	468	10	0	1	0
12	2019	3季度	678	11	0	0	1
13	2019	4季度	1 539	12	0	0	0
14	2020	1季度	628	13	1	0	0
15	2020	2季度	699	14	0	1	0
16	2020	3季度	728	15	0	0	1
17	2020	4季度	1 567	16	0	0	0
18	2021	1季度	387	17	1	0	0
19	2021	2季度	567	18	0	1	0
20	2021	3季度	565	19	0	0	1
21	2021	4季度	1 751	20	0	0	0
22	2022	1季度	512	21	1	0	0
23	2022	2季度	596	22	0	1	0
24	2022	3季度	723	23	0	0	1
25	2022	4季度	1 652	24	0	0	0

图 12-20　预测 2022 年 4 个季度的销售业绩

12.2　基于因果关系的预测

　　基于因果关系的预测是利用事物发展的因果关系来推测事物发展趋势的方法，一般要根据过去掌握的历史资料找出预测对象的变量与其相关事物的变量之间的依存关系，建立相应的数学模型，然后通过对数学模型的求解进行预测。

12.2.1　线性回归预测

　　对于连续型问题，线性回归方法特别适合多元因素影响的因果逻辑关系的预测。例如，某公司多年来的销售收入与营销投入和销售人员数量的数据统计关系如表 12-4 所示，求销售收入与营销投入和销售人员数量的数量关系，以便根据销售目标和资源情况，酌情调整资源投入比例。

表 12-4　某公司近年销售数据

时间序列	销售收入 / 万元	营销投入 / 万元	销售人员数量 / 人
1	233	25.3	159
2	238	25.7	162
3	257	27.3	167
4	265	29.1	170
5	272	29.5	172
6	275	29.8	174
7	288	30.9	177
8	298	31.7	180
9	305	32.8	185
10	311	34.2	188

本案例实际是在考虑营销投入和销售人员数量对销售收入的影响，回归出预测公式，之后输入下一期的营销投入和销售人员数量，即可预测得出销售收入。

本回归分析既可以使用 SPSS 统计软件，也可以使用 Excel 软件进行回归分析。使用 Excel 软件进行回归分析的路径为单击"数据"，在数据栏目下的右侧单击"数据分析"，再找到并单击"回归"，打开"回归"文本框；输入参数，即将销售收入输入到"y 值输入区域"，营销投入和销售人员数量输入到"x 值输入区域"，最后，单击"确定"按钮，即得出回归分析结果，如图 12-21所示。

```
SUMMARY OUTPUT
```

回归统计	
Multiple R	0.97
R Square	0.95
Adjusted R Sq	0.94
标准误差	120.91
观测值	20.00

方差分析

	df	SS	MS	F	Significance F
回归分析	4.	4 135 051.5	1 033 762.88	70.71	.
残差	15.	219 290.7	14 619.38		
总计	19.	4 354 342.2			

	Coefficients	标准误差	t Stat	P-value	Lower 95%	Upper 95%	下限 95.0%	上限 95.0%
Intercept	1652.15	78.82	20.96	0.00	1484.14	1820.16	1484.14	1820.16
X Variable 1	- 2.66	4.78	- .56	.59	- 12.85	7.52	- 12.85	7.52
X Variable 2	- 1 138.99	77.8	- 14.64	.	- 1 304.82	- 973.15	- 1 304.82	- 973.15
X Variable 3	- 1 055.93	77.07	- 13.7	.	- 1 220.19	- 891.66	- 1 220.19	- 891.66
X Variable 4	- 928.66	76.62	- 12.12	.	- 1 091.97	- 765.35	- 1 091.97	- 765.35

图 12-21　回归分析结果

R 平方值为 0.99，说明回归的拟合度非常好。

可得到的回归方程式：

$$y = -125.38 + 3.8 \times x_1 + 1.66 \times x_2 \tag{12-5}$$

其中，x_1 是营销投入，x_2 是销售人员数量。

一般情况下，销售业绩怕的是突然暴涨、暴跌的场景。销售的实际值很难与预测目标 100% 匹配，但是发现哪里可能暴涨、暴跌是很容易的。通过基础分析，把不稳定因素区分出来，能大大降低预测问题的难度。

产品经营预警的预警值是一个范围，超出范围才开始预警。一般实际销售额偏离范围在预测目标的 ±10% 之内都是正常的，在正负 10% ～ 20% 是一般预警，超过 ±20% 是重点预警。

12.2.2　滚动预测

有时候需要进行长周期预测，长则一年，短则一个月。预测时间太长，前期能收集的数据很少，使得很难预测准确。滚动预测能在很大程度上弥补这个缺点。通过日、周、月、年等滚动预测，既能补充数据缺失，又能反映业务方临时调整带来的效果，一举两得。如图 12-22 所示。

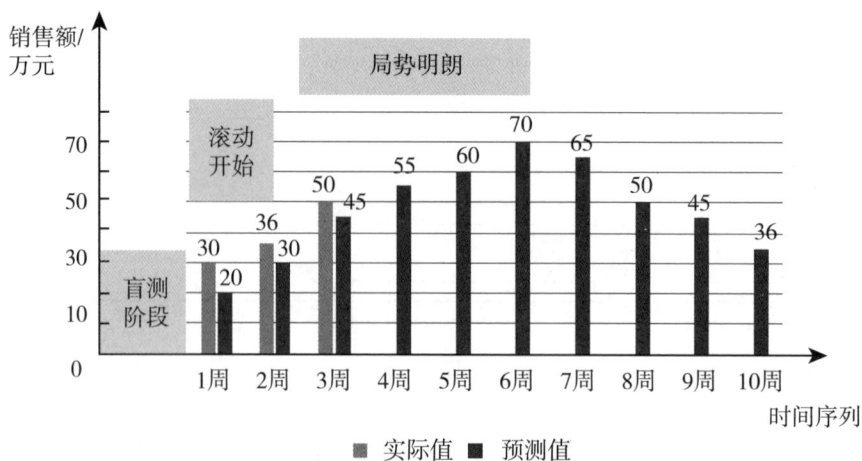

图 12-22　滚动预测

滚动预测一般分为 3 个阶段。

1. 盲测阶段

此阶段新产品未上市或没有订单，还没有数据，只能凭经验盲测。这个阶段的预测一般准确度不高，只能凭直觉判断产品畅销或不畅销。

2. 滚动开始

从有了实际销量开始，就有数据了，能修正盲测阶段数据并开始看出周期规律。可以尝试利用多种相关预测方法（例如基于因果关系的预测）进行预测。

3. 局势明朗

此阶段有了一定的数据统计结果，可以利用更加确定的规律性数据模拟预测，预测的数值更加准确。

12.2.3　预测目标确认

产品销售目标的预测是在条件不变的基础上进行的，产品的实际销售额与销售团队能力和工作积极性、目标激励、竞争对手等多个因素有关。

为了实现产品销售预测目标，销售团队的认可、资源投入和营销策略实施的匹配性很重要。所以，销售目标预测人员与区域经理结合营销手段和资源投入策略共同预测下一年度销售目标是一种好方法。根据影响因素和时间周期规律分解销售目标到每个月或每周中，形成产品经营的轨道，有利于产品经营预警的实施。

公司与销售团队负责人共同预测，确认销售目标，能够让销售实施团队参与进来，把销售预测目标与目标的实施路径、资源投入、实施方法和策略结合起来，提升销售目标实现的可能性。立军令状的逻辑如图 12-23 所示。

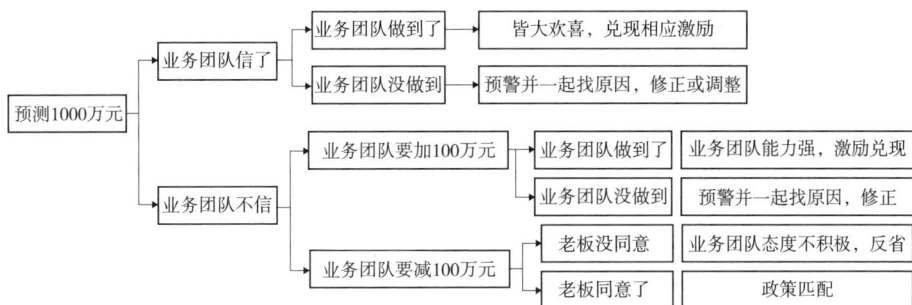

图 12-23　预测销售目标的逻辑

预测销售目标的实施，能够区分哪些结果是业务团队导致的，哪些是预料之中的；对于失误，事后追责也能够证据充分。同样，业务团队能够完成预测目标，公司对之进行激励兑现也是有据可依的。这样能够推动业务团队与其他部门合作，让业务团队围绕预测结果开展营销业务，有利于提升公司的销售业绩，实现公司与销售团队的共赢。

12.3　基于业务逻辑的预测

业务逻辑推演就是每个部门提出自己对下一阶段的业务及指标走势的看法，形成假设，验证假设并排除不合理假设，基于假设推算最终业绩数据目标。业务逻辑推演预测的优势是业务人员高度参与业务逻辑的推理和预测，能充分考虑实际业务中可能出现的问题，提高预测目标的可实现性。

业务逻辑推演的业务拆解是把一个核心指标拆解成一级、二级、三级指标，如图 12-24 所示。营业收入 = 用户量 × 用户活跃率 × 产品渗透率 × 产品收入；用户量 = 新用户量＋老用户留存 – 用户流失。同理，用户活跃率、产品渗透率、产品收入都可继续拆解成三级指标。

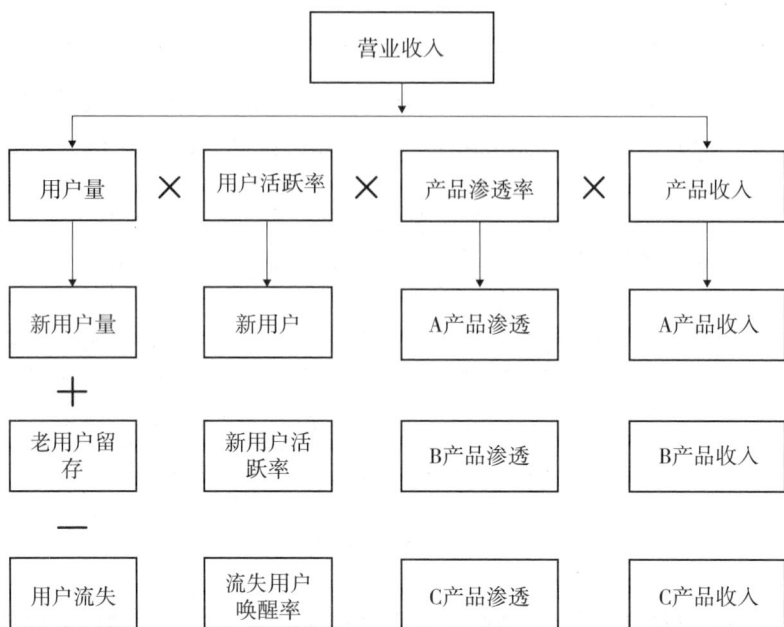

图 12-24　营业收入指标拆解

原则上，要预测的指标越少越好，越宏观越好。对于销售额这种一级宏观指标，建议尽量预测最关键的一级宏观指标，最多预测到二级指标，如果预测到三级指标，最后加起来就会误差叠加，导致最终结果的准确度降低，预测失真。

基于业务逻辑的预测就是把整体目标拆解到各个部门，明确各部门的关键绩效指标（KPI）。围绕公司给出的大目标，各个部门看自己团队需要投入多少资源，实施怎样的策略和执行哪些主要推广活动才能实现这个目标。如果业务部门通过分析和拆解数据发现目标不合理，可以听取业务部门意见，结合激励政策微调。这样下一年各部门的目标管理就有了参照值，能很容易跟踪指标走势发现问题，对超出预警范围的情况进行预警管理。

例如，某公司的产品销售额可以分解为新用户消费额和存量用户消费额。新用户主要由推广部门承接任务，销售额受新用户获取量、激活率和人均消费额影响。通过往年数据可以预测其销售收入目标，该目标可以分解成新用户消费的 6 亿元和存量用户消费的 9 亿元。如图 12-25 所示。

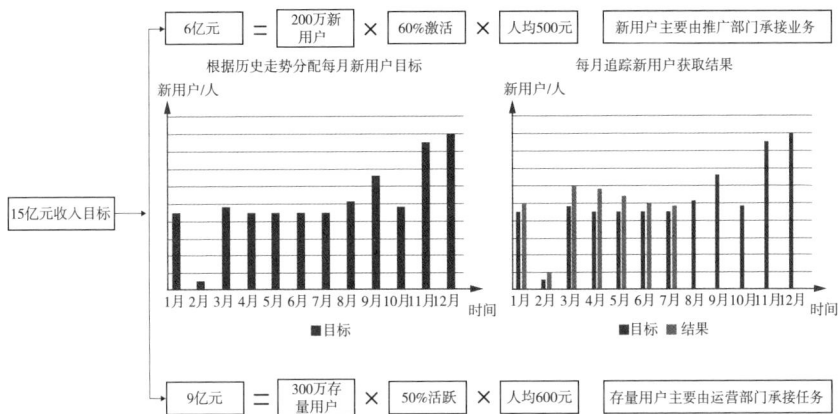

图 12-25 业务逻辑推演预测示例

在编制营销费用投入预算中，通过与业务部门推广团队的沟通、讨论、分析，得出各主要渠道人均获客成本已经大幅上升。假设人均获客成本 100元的数据支撑不充分，未来的竞争更加激烈，按原预算很难完成任务，建议在不减少销售目标的前提下增加营销资源投入，人均获客成本从 100 元提高到 110 元，营销预算费用由 2.0 亿元增加到 2.2 亿元，如图 12-26 所示。

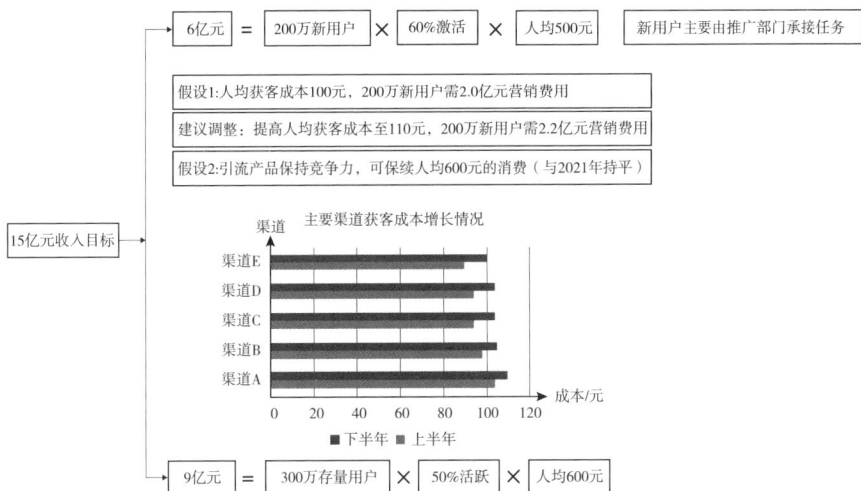

图 12-26 预测目标调整

年度销售目标的预测本质上是在平衡领导期望与业务部门实现能力，所以既需要考虑领导期望，又要考虑业务部门的业务逻辑以及市场竞争、过往经验等因素，这不是简单建立一套模型就能完成的工作。

第13章
产品销售目标规划

我们经常可以看到这样一幅场景：在年初，公司的高管们聚在一起开年度会议，会议气氛异常紧张，最终大家达成了共识，CEO（首席执行官）最后宣布会议决议，本年度公司的目标是完成一个全新的挑战：完成5亿元的销售额，比上年增长25%，各个部门按这个总目标呈报自己的目标。于是，运营副总裁召集人员开部门会议，把部门目标再层层分解下去，最终细化到每一个销售代表，其目标是每天打100个销售电话，每周拜访10个客户。

对于CEO来说，目标不可谓没有挑战性，他意识到在市场放缓的基础上，要带领公司实现这样的增长，意味着面临艰巨的挑战。宣传工作也不可谓不到位，召开了动员大会，给公司全体员工发送了邮件，将目标制成横幅张贴在会议室、办公室，甚至整个厂区，时刻提醒员工公司的目标是什么。在接下来的运营管理中，公司重视营销数据的分析，每个月月底召开月度分析会，加强对销售业绩不好员工的培训，时刻关注竞争对手的营销策略并做出针对性调整，销售大区的总监定期和不定期暗访销售策略的执行情况。

结果到了年底只完成了4.1亿元的销售额，增长率不是25%而是2.5%，比起行业平均增长率5%还差不少，与年初制定的5亿元目标相去甚远。在年底分析会上，销售部总经理说，如果年初所有的销售大区都按照A区域的推广策略执行，B、C、D等几个区域像A区域一样实现35%的增长率，是完全能够实现5亿元目标的，甚至还能超额完成任务，但现在为时已晚。

年度销售目标不是儿戏，关系到公司长期发展。制定目标要有依据、有路径、有方法，目标高了，下属完不成，影响积极性；目标低了，老板不满意。科学制定与营销策略和投入相匹配的产品销售目标，在产品营销过程中实行产品经营预警，可避免浪费市场机会，实现有效增长。

13.1 制定年度销售目标的常见问题

1. 将销量作为唯一的销售目标

销量不是唯一的销售目标，制定销售目标时，不要一味地追求销量，过分追求销量往往会造成"市场自杀"。销售目标不仅仅是销量目标，还有一系列相关的目标，包括利润目标、人才发展目标、管理目标，是一个企业综合发展的目标。

销售目标不是由领导一拍脑袋得出的理想数值，而是根据内外部环境和销售规律分析得出的可实现的目标，并且分解这个销售目标包含哪些产品，是在哪些区域和渠道实现的，制定保障各个产品、区域和渠道实现预定销售目标的策略、方法和路径。

2. 制定的目标不切实际

只考虑上年的销量，不考虑市场行情、社会经济动态、竞争对手，以及各个产品、区域和渠道的销售规律；只考虑销售业绩，不认真分析业绩是怎么来的，是从哪些客户群、产品、区域和渠道来的，哪些是增长因素，哪些是降低因素，这样制定出来的目标往往是不切实际的。

3. 目标决策成了老板的"一言堂"

老板制定的目标大多取决于他的经验、理想和大局观，仅凭直觉定的目标往往是不现实的。

应该根据市场环境状况（市场潜力和增长率）、公司产品和品牌的竞争地位，确定每个产品的发展定位，得出产品的销售逻辑，并根据公司的资源和能力，投入相关的资源，确定运用什么样的销售策略制定什么样的销售目标。

4. 只有销售目标而没有设定发展轨道

大多数公司只制定了全年的销售目标，没有根据销售规律层层分解到每月、每周、每个部门、每个产品和区域。虽然也有月度和季度销售过程管理和销售分析，但因为没有相对应的发展轨道和控制节点标准，只能进行全维度和全问题分析，没有产品经营预警和监控，工作量比较大而且没有针对性，只分析当前的市场情况，不知道年底是否能够完成预定目标，以及具体能够完成多少。

一个好的公司在产品销售运营中，应该时刻监控产品在各区域的销售情况，对异常销售情况进行系统分析，挖掘深层次的原因，根据销售问题和竞争对手的竞争策略针对性地调整公司的销售策略，从而保证预定销售目标实现。

13.2　销售目标制定思路

13.2.1　销售目标的影响因素

在制定年度销售目标的时候，我们应该系统研究与分析公司的外部市场条件、公司在该区域的竞争地位、公司往年的销售数据和产品所处的生命周期阶段。

1. 公司的外部市场条件

根据行业环境测算公司产品在所销售范围内的市场潜力、行业增长率、竞争激烈程度，这些外部市场条件会影响到公司产品在该区域的成长能力。在其他条件不变的情况下，市场潜力越大、行业增长率越高的区域下一年的增长目标应该越高；而竞争激烈程度低的区域，自己的产品竞争力越强，销售目标也应该越高。

2. 公司在该区域的竞争地位

销售目标还与公司前一年在该区域的竞争地位有极大关系，如果公司产品的市场份额大、影响力强、比竞争对手的产品更有竞争力，那么公司在该区域就有了良好的基础。在制定销售目标之前，应该对公司的产品系统进行综合评估，结合公司在该区域的战略定位、资源投入和营销策略制定下一年的销售目标。

3. 公司往年的销售数据

最好能把近三年的销售数据统计整理出来，对每一年的数据都进行分析，包括业绩增长的原因和下降的原因，找出关键因素，剔除异常增长因素。

应根据以往的销售数据分析产品的销售自然周期规律，并利用这些规律制定营销策略，做好客户管理和产品销售管理工作，使销售目标既符合实际也能充分利用市场规律。

4.产品所处的生命周期阶段

产品是有生命周期的，不同产品在某个区域所处的生命周期阶段不同，其成长的规律也不同。我们应该首先按照产品生命周期的阶段特征，判断各个产品所处的生命周期阶段，制定单个产品的销售目标，把各个产品销售目标相加即为该区域的年度销售目标。

管理者在制定目标的时候，既要科学合理，又要帮助员工把实现目标的路径（销售目标在哪些产品、区域和渠道上实现，营销策略是什么）设计出来，越清晰越明确越好。如果只给员工目标值却不给实现路径，这个目标的制定往往是不成功的。

13.2.2 销售目标的层次

未来的销售工作是在瞬息万变的市场环境中进行的，并且影响产品销售的因素很多。客户需求变化、市场上出现替代的新产品、竞争对手策略调整、公司资源投入、销售人员变动等各种问题都会影响到销售目标的实现。所以，销售目标不能只定一个，正常情况下至少要设定三个层次的目标，即基本目标、正常目标、挑战目标。

基本目标就是一定要实现的目标，目标值较低，如果实现则在产品经营预警管理中定为90%完成；正常目标就是通过大家的努力，基本上可以实现的目标，如果实现则在产品经营预警管理中定为100%完成；挑战目标就是较难达到，但尽力而为也有机会实现的目标，如果实现则在产品经营预警管理中定为110%完成。

⚙ 13.3 基于 W 流程制定销售目标

产品销售目标是公司发展的灯塔，是公司管理工作的准绳，所以公司产品销售目标的科学性、准确性和可实现性非常重要。

如何正确制定公司的销售目标呢？如何保证目标能够实现呢？应以公司战略目标为依据，结合公司目前的资源与实力，将战略目标分解到公司各产品线、产品、区域和渠道 4 个方面。这 4 个方面目标的制定依赖于对公司各销售区域相关信息、数据的收集和产品营销周期规律的掌握和利用。

13.3.1　公司高层的引领

公司高层根据公司的长期发展战略，结合公司当前情况制定下一年度的产品销售目标。公司产品战略目标是对公司愿景的具体化，通常体现在公司的相关经济指标中。结合公司愿景与目前实际运营状况，产品战略目标可以按时间分为当前目标（1 年）、短期目标（1 ～ 3 年）、中期目标（3 ～ 5 年）和长期目标（5 年以上），如图 13-1 所示。每一个阶段的目标可以落实到公司的产品、销售区域和渠道等维度。

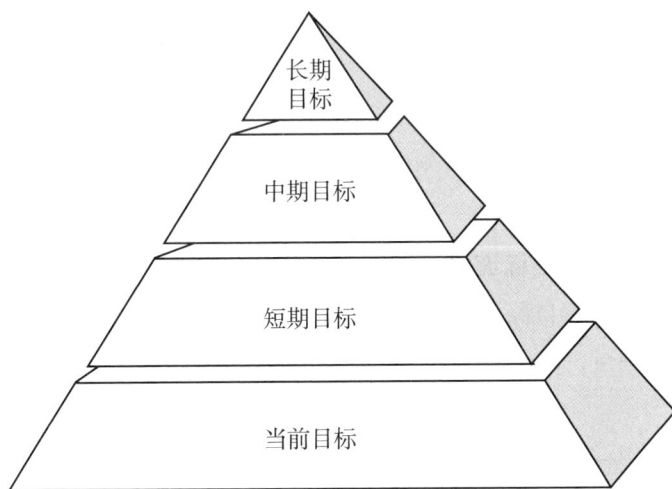

图 13-1　产品战略目标

公司目标具有引导、激励、整合等功能，它通过明确各时间段、各区域的目标，动员每个员工参照公司目标设定自己的发展目标，将自己的职业发展同公司发展有机结合，统一公司员工行动，从而提高工作效率，提升公司形象，最终实现公司的愿景。公司产品战略规划人员应根据产品生命周期规律、产品运行周期规律和近三年的产品运营数据，制定公司下一年度的产品销售目标，并将产品销售目标分解细化。

产品目标细化是将产品战略目标具体到公司的各产品、产品线、区域和渠道方面，主要是对未来三年的销售目标进行分解，可以作为未来资源分配的重要依据。对以后几年的产品目标细化主要是采用滚动修正目标法，每到年底时，根据前一年的目标完成情况，进行滚动修正。

1. 公司产品线目标细化

分析公司的战略目标，预测未来三年各产品线的增长率，可制定公司各产品线的销售目标（细化为销售额、增长率和贡献率），如表 13-1 所示。

表 13-1 公司产品线销售目标细化

时间	产品线 1			产品线 2			产品线 3			……	合计	
	销售额	增长率	贡献率	销售额	增长率	贡献率	销售额	增长率	贡献率		总销售额	平均增长率
T0												
T1												
T2												

注：T0 代表起始时间点，T1、T2 分别代表起始时间点后的不同时间点

2. 公司核心产品目标细化

分析公司的战略目标，预测未来三年各核心产品的销售增长率，可制定公司核心产品的销售目标（细化为销售额、增长率和贡献率），如表 13-2 所示。

表 13-2 公司核心产品销售目标细化

时间	核心产品 1			核心产品 2			核心产品 3			……	合计	
	销售额	增长率	贡献率	销售额	增长率	贡献率	销售额	增长率	贡献率		总销售额	平均增长率
T0												
T1												
T2												

3. 公司区域目标细化

分析公司的战略目标，预测未来三年各区域的销售增长率，可制定公司

各区域的销售目标（细化为销售额、增长率和贡献率），如表 13-3 所示。

表 13-3　公司区域销售目标细化

时间	区域 1			区域 2			区域 3			……	合计	
	销售额	增长率	贡献率	销售额	增长率	贡献率	销售额	增长率	贡献率		总销售额	平均增长率
T0												
T1												
T2												

4. 公司渠道目标细化

分析公司的战略目标，预测未来三年各渠道的销售增长率，可制定公司各渠道的销售目标（细化为销售额、增长率和贡献率），如表 13-4 所示。

表 13-4　公司渠道目标细化

时间	渠道 1			渠道 2			渠道 3			……	合计	
	销售额	增长率	贡献率	销售额	增长率	贡献率	销售额	增长率	贡献率		总销售额	平均增长率
T0												
T1												
T2												

13.3.2　区域销售目标制定

各销售区域的大区总监应负责带领区域人员系统分析区域级产品线、子区域和子渠道的产品地图，确定本区域产品、子区域和子渠道的"721"原则，制定相应的营销策略，并结合本区域近三年的产品销售情况和生命周期规律，参考公司下达的滚动目标制定本区域下一年度各个产品在子区域、子渠道的销售目标，甚至指导本区域下一级子区域各产品线、区域和渠道制定各自的下一年度销售目标。

13.3.3　公司销售目标修正

公司收集到各个区域根据自己的实际运营规律和状况制定的销售目标后，将其合并成公司级的销售目标。通过公司高层战略讨论、评审，并根据战略资源的重点投入制定各个区域和产品线的发展策略，修正公司级和各个区域、产品线的销售目标。

13.3.4　平衡并确定销售目标

公司总经理或公司营销副总经理根据公司级战略资源投入策略、公司发展目标，与各个营销大区总监和产品线总经理共同核定、确认各区域的销售目标，共同确认与销售目标相匹配的战略定位、营销策略和资源投入计划，并签订目标责任书。

这里需要强调以下几点。

（1）在平衡并确定各个区域或产品线的年度目标时要实事求是，有时候要做减法，不是所有的销售区域、所有的产品线都一定增长。

（2）区域总监与领导就销售目标进行沟通时，主要是讨论资源和策略的匹配程度，需要公司给予哪些支持，及销售目标的可实现性。

（3）目标分配时务必面对面沟通清楚，一是要对目标实现的合理性和实现途径达成共识，二是要对目标完成的方法和策略达成共识。

13.3.5　发布区域销售目标并监督执行

公司发布经修订和确认后的区域销售目标，并进一步将区域销售目标进行分解，通过产品经营预警体系监控各区域执行情况，分析出现异常的原因并及时进行预警与修正，保证区域销售目标的实现。

在各区域销售目标发布之前，参照公司销售目标对各区域和各子区域目标进行多次修改，区域销售目标确定流程如图13-2所示。具体清晰的目标，科学的发展路径，有利于企业的良性发展。

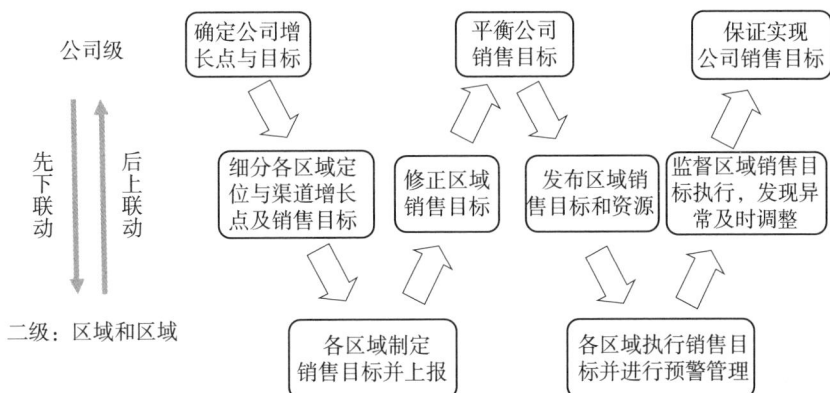

图 13-2 区域销售目标确定流程

13.4 产品发展轨道设计

13.4.1 产品发展轨道设计的指标

产品发展轨道设计为产品经营预警管理提供依据，所以产品发展轨道可以作为公司级 KPI 指标的一部分。如果公司制定了科学、合理的 KPI 发展指标，如表 13-5 所示，也可以从中提取一些有关产品发展轨道设计的指标。

表 13-5 公司级 KPI 指标

	公司战略目标	业界典型战略指标
业绩指标	扩大公司规模	销售收入及增长率
	提高可持续发展能力	新产品、新客户在销售中的比例
	提升公司利润和效益	人均创利及增长率
	提高公司管理水平，提高内部运作效率	人均成本及降低率
核心竞争力指标	提高员工满意度	员工满意度指标
	构建良好的企业文化	企业文化建设指标
	提升队伍能力	任职资格提升率

续表

公司战略目标		业界典型战略指标
根据公司价值导向和以往存在问题制定的指标	根据公司年度价值导向和以往存在问题制定具体指标，一般为该年度工作重点	重大事件和关键项目管理指标
		执行力指标
		销售渠道管理指标
		研发产品线队伍建设指标
		品牌及战略地位指标
		国际化指标
		变革管理指标

产品发展轨道设计的指标主要包括产品销售轨道指标、利润指标、成本控制指标、区域发展轨道指标、渠道轨道指标、资源投入指标、销售团队成长指标等，值得注意的是每个指标都必须有时间节点的控制指标。不同公司可以根据自己的发展目标和运营实际，设计自己公司产品发展轨道的指标。

一般情况下，公司要监控哪些指标，就应该在产品经营发展轨道设计时考虑到并设计好时间的关键节点，以便在关键节点时监控异常情况，分析并提出相应的整改措施。

产品发展轨道的指标主要是参考公司制定的各产品线、核心产品、区域和渠道的发展目标，结合产品的发展阶段和周期规律进行设计。对于产品自然发展周期规律的研究越准确，产品发展轨道的指标也就设计得越符合实际，产品经营预警体系就更加能够辅助产品成长，从而实现公司的战略目标。也就是说，产品发展轨道设计就是为产品发展预设路径，并在关键时间节点上监控其是否按照预设的路径发展。

如果没有清晰的产品经营目标，发展路径不清晰，评价标准体系不明确，也就没有清晰的权责范围及清晰的评价标准。产品经营预警有助于制定清晰的产品发展目标，设计产品发展轨道，监控并驱使产品良性发展。

13.4.2　产品发展轨道设计的流程

1. 确定产品发展轨道指标

根据企业所处的行业和公司实际需求，确定产品经营预警体系所需要的产品发展轨道指标。

2. 分析产品发展轨道指标的规律

基于年度产品销售目标，分析产品发展轨道指标的成长周期规律及其所属类型。

3. 确定轨道的时间节点指标

把产品销售目标分解到每月或每周，并且确定具体的时间节点，作为产品经营监控预警的依据。

4. 多维度拆解监控指标

按照公司的产品营销体系，从产品线、区域和渠道几个维度进一步拆分各项指标，为运营中跟踪目标完成情况和异常情况分析提供详细的路径。

5. 分解基于产品销量的其他监控指标

分解基于产品销量的其他监控指标，例如市场体系指标、人力资源指标、财务指标等。把产品预警指标分解到各个部门，明确每个部门的责任。

6. 讨论并修正轨道指标

公司高层与各个销售大区或渠道总监，应共同讨论、修正各项监控指标，充分听取各主要负责人的意见，提升产品经营预警体系的科学性和合理性。

同样，各个区域和渠道的销售目标也可根据区域特点、产品销售运营规律和针对竞争对手的营销策略，设计出各个产品在每个子区域、子渠道的发展轨道指标，作为产品在本区域和渠道的预警与监控依据。

第14章
产品经营预警体系

14.1 产品经营预警内容、措施及框架

14.1.1 产品经营预警内容

1. 负责部门

相关部门负责产品经营指标的衡量。

2. 目标完成度监控

主要监控在产品成长过程中的每个关键时间节点是否按照计划完成了产品的经营目标，哪些产品、区域和渠道大大地超出了（正向或负向）规定范围，以及构成预警的影响可能有哪些。

3. 问题分析

根据业务逻辑关系，分析超出预定目标的深层次原因。

4. 提出并执行优化方案

根据原因分析，制定应对方案，使产品发展回到预定轨道，或重新设计新的发展轨道，同时实施奖惩措施。

5. 重点监控修正方案

继续定期监控并预警产品运营情况，及时分析并制定相应的措施，保证制定目标的实现。

有了产品经营预警体系，公司高层领导就可以从公司运营的日常琐事中解放出来，重点关注当前产品经营的异常情况，从而及时修正并推动下一步的决策，保证产品目标实现。设计并正确运营产品经营预警体系，能够及时

准确挖掘出公司运营的深层次关键问题，聚焦关键点。

14.1.2　产品经营预警措施

产品经营预警措施包括预警级别、偏离范围和预警措施内容，如表 14-1 所示。

表 14-1　产品经营预警措施

预警级别	偏离范围	预警措施内容（往往通过集体讨论形成决议）
严重预警	> 20%	（1）说明原因，并提出改进措施
预警	10% ～ 20%	（2）控制费用额度 （3）取消人力资源部门的审批权 （4）人力资源与骨干员工进行交流，进行组织氛围调查 （5）人力资源部门要参与监控部门绩效管理过程 （6）部门负责人要向总裁办公会述职并接受质询 （7）加大部门领导和部门员工的绩效工资比例 （8）取消正常假期甚至封闭办公 （9）骨干领导脱产培训

一般产品经营预警级别包括严重预警和预警两个层次。目标正负偏离在 10% 以内的属于正常状态；目标正负偏离在 10% ～ 20% 属于预警范围，应该深入挖掘偏离目标的原因并及时采取措施；如果目标正负偏离超过 20%，则属于严重预警，应该采取强有力的措施进行更正，此时可能需要更换负责人。

14.1.3　产品经营预警框架

产品经营预警框架是指产品经营的直接关联预警图，也就是指能够直接影响产品销售的相关部门及其逻辑关系图，一般包括人力资源体系、销售体系、市场体系、财务体系、商务体系、研发体系，如图 14-1 所示。

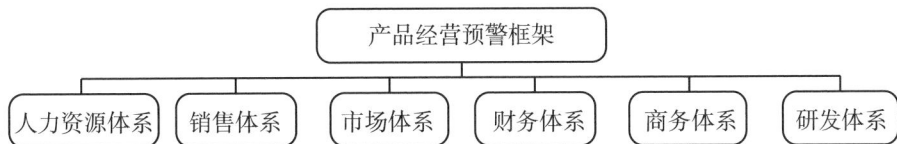

图 14-1　产品经营预警框架

下面就人力资源体系、市场体系、财务体系、商务体系和研发体系对产品销售的影响进行分析。

1.人力资源体系对产品销售的影响

销售主要由销售总监、销售人员、产品经理、宣传策划人员等实现。这些产品销售相关人员的招聘、选拔、考核激励、培训、任职资格标准制定、胜任力评价等都是由人力资源体系负责，如果缺乏科学客观的评价体系，缺乏合理的胜任力模型，没有系统的培训方法，缺乏多元化激励考核与管理办法，没有宽阔的晋升通道，那么销售人员的整体素质难以提高，具有优秀潜质的人才难以脱颖而出，相关人员的工作积极性得不到充分发挥，也就难以实现产品销售的最大化。

2.市场体系对产品销售的影响

市场体系的主要职责是理解战略、洞察市场、服务销售，具体到执行层面就是实现市场规划与执行流程的闭环管理。

市场体系包括市场研究、需求管理、销售资源包的编制等内容，既包括前端市场研究、需求管理、产品规划，还包括后端赋能销售服务的产品市场推广与宣传、品牌打造。所以，市场体系是产品运营的关键环节。

3.财务体系对产品销售的影响

财务体系为增加销售收入和降低应收账款提供保证，加大清欠款力度，减少坏账损失。另外，财务体系能分析货款回收的情况，为开发市场提供信息，每个月或每季度进行资金回收情况分析，对合同执行中货款回收、欠款清理、销售费用等进行系统分析，对高附加值和高收入的产品、有市场开发潜力的产品提出意见，充分发挥财务体系的作用，为产品运营决策和市场开发提供信息。

此外，财务体系对销售成本核算、人力成本核算、运营成本核算、新产品成本核算、促销和分销效果评估等都有重要贡献。

4.商务体系对产品销售的影响

商务体系主要包含商务管理策划、成本核算分析等商务管理相关职能。有些企业的商务体系是在传统成本管理的基础上，强化经营开发、项目履约、成本管控、考核激励各环节的贯通管理，多方协同联动，实现优揽、精管、细算、足收的目标，赢得市场和业主认可，提升企业经济效益和核心竞争能力。

5. 研发体系对产品销售的影响

产品研发体系是企业生存和发展的重要支柱，因为消费者需求的变化、科学技术的发展、市场竞争的加剧都要求企业不断研发新产品。新产品包括新发明的产品、换代的产品、改进的产品、仿制的产品、重新定位的产品等。不断研发新产品有利于不断优化产品结构，提升企业竞争力。

企业应该始终保持敏锐的市场洞察力，在保持现有产品的基础上，不断研发及向市场推出新产品，坚决执行"销售一代、储备一代、在研一代"的发展战略，助力业务发展，不断增强企业发展的核心动力。

不同行业产品经营预警框架的指标设置不同，企业可根据自身所处的行业和经营实际，有选择地设置产品经营预警框架指标，如某医药企业营销中心一级关联预警图中就没有包含研发体系，如图 14-2 所示。

图 14-2　某医药企业营销中心一级关联预警图

为了更好地进行产品预警，可以进一步构建销售体系、人力资源体系、市场体系和财务体系等的二级关联预警图。

14.2 搭建产品经营预警二级体系

产品经营预警监控管理往往需要根据公司的实际监控需求，把产品经营指标进一步分解到二级体系。例如把产品目标分解到不同产品线（核心产品和新产品）、区域、渠道等二级体系中。

14.2.1 按产品线分解的预警指标

一个公司的产品销售目标往往由多个产品线组成，根据不同产品线的战略定位和各个单品所处的生命周期阶段不同，其承担的销售目标任务也不同，甚至每个月或每周监控点的具体数值也不同。为了做好产品经营预警监控，需要在各产品线、核心产品上继续进行分解。某医药公司的产品销售目标按产品线进行分解后的结果如图 14-3 所示。

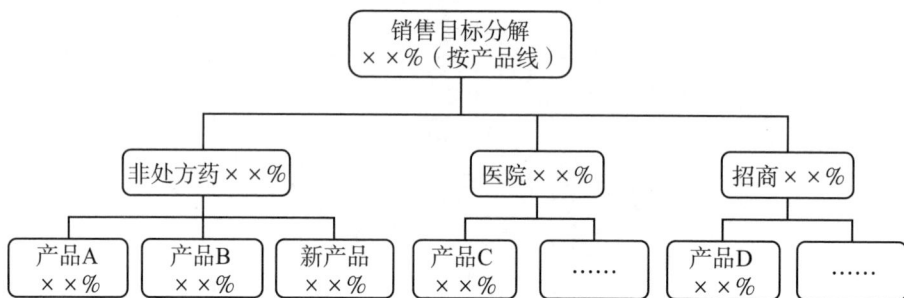

图 14-3 某医药公司的产品销售目标分解

14.2.2 按销售区域分解的预警指标

一个公司的产品销售目标由多个营销区域甚至大区完成，不同销售区域的市场潜力、竞争激烈程度、增长率不同，区域的战略定位和销售资源投入不同，则其承担的销售目标任务不同，每个月或每周监控点的具体数值也不同。为了做好产品经营预警监控，需要在各个销售区域上继续进行分解。某公司销售目标按部门、区域和产品线进行分解后的结果如图 14-4 所示。

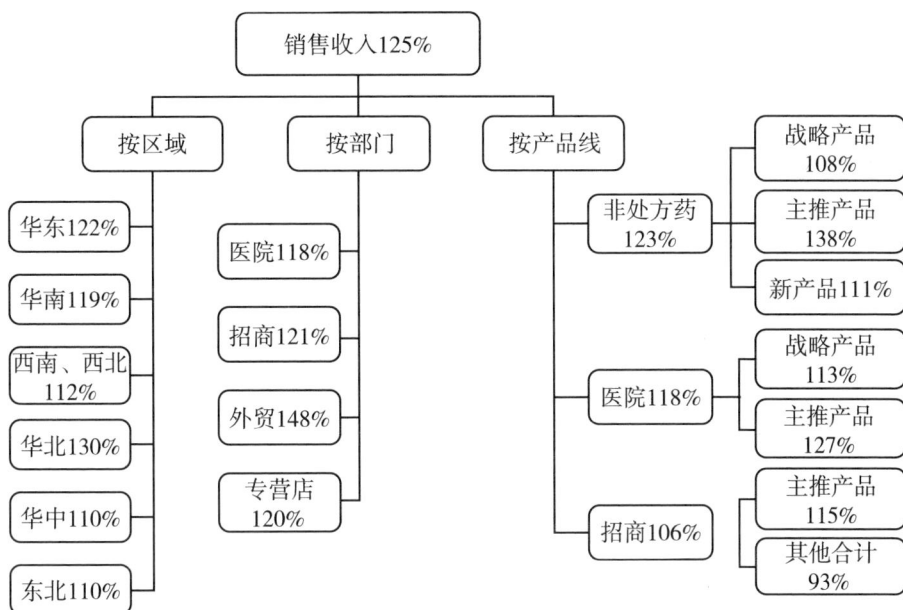

图 14-4　某公司销售目标分解

14.2.3　按销售渠道分解的预警指标

公司的产品销售目标通过多个销售渠道来实现，不同销售区域的市场潜力、竞争激烈程度、增长率不同，区域的战略定位和销售资源投入不同，则其承担的销售目标任务不同，每个月或每周监控点的具体数值也不同。为了做好产品经营预警监控，需要按销售渠道继续进行分解。

14.2.4　其他产品经营预警体系指标的分解

人力资源体系、市场体系及财务体系的产品经营预警指标也应相应进行分解，并根据业务关联度和度量数值进行测算，得出规律值，以便在企业运营中进行监控预警，例如某公司对回款完成率指标的分解，如图 14-5 所示。

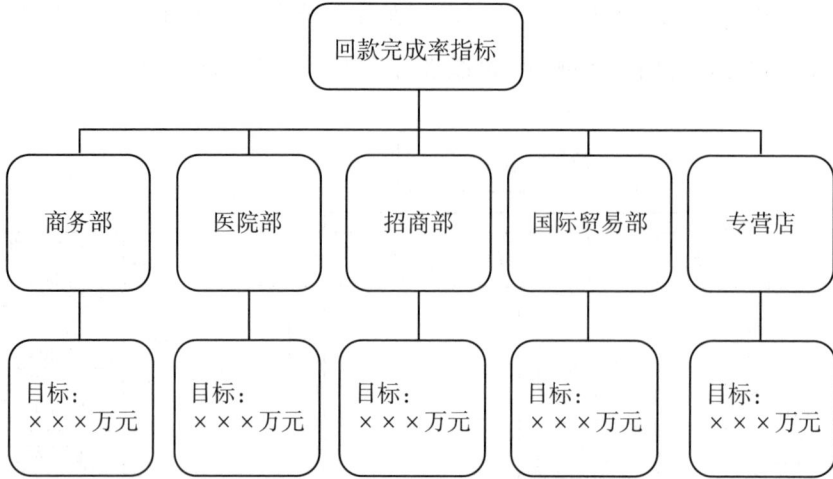

图 14-5　某公司回款完成率指标分解

第 15 章
产品经营预警监控

15.1 产品经营预警监控分析

15.1.1 产品经营预警监控分析流程

产品经营预警监控分析流程可分为以下 8 个步骤。

（1）确定公司管理层要关注的产品问题及发展目标。

（2）将产品成长问题和发展目标分解到二级和三级。

（3）制定产品经营预警分析步骤。

（4）用关联方法定期或不定期监控和分析数据。

（5）召开产品经营分析与预警会议。

（6）用多种分析方法定位问题，分析其深层次原因。

（7）制定异常问题的整改方案，并确定解决问题的责任人和步骤。

（8）监控并进入下一个周期。

15.1.2 产品经营预警监控内容

无论公司所处的行业或营销结构如何，产品经营预警一般都包含以下 5 项内容。

1. 产品销售收入及增长率（代表公司的发展规模）

（1）产品销量及销售收入目标完成率。

（2）产品毛利率。

（3）回款。

2.产品销售收入占比（用于评价公司的可持续发展）

（1）新产品的销售收入占比。

（2）战略产品（品牌承载者）的销售收入占比。

（3）战略客户的销售收入比重。

3.人均创利（用于评价公司的利润和效益）

（1）人均销售收入。

（2）人均毛利。

（3）人均净利润。

4.成本（用于评价公司的管理水平）

（1）营销中心及关联部门人均费用。

（2）营销中心及部门费用结构。

5.公司核心竞争力（用于评价公司整体竞争能力）

（1）产品收入及利润结构的合理性。

（2）区域收入及利润结构的合理性。

（3）渠道、客户群收入及利润结构的合理性。

15.1.3　产品经营预警的关键

对于产品经营预警分析，聚焦讲清楚5件事。

（1）目标实际完成情况如何，哪些被预警？

（2）做得差的，是偶尔没完成，还是一贯没完成？

（3）做得好的，是偶尔做得好，还是趋势一直向好？

（4）好坏相抵，是否能整体达成目标？

（5）如不能达成，是否还有额外资源可以补充？

领导层可以基于经营结果排兵布阵，合理安排资源投入，该换人就换人，该加码就加码。如果遇到细节问题，可以从整体经营分析报告中拆分出来进行专题分析。

15.2　公司级产品经营预警监控

产品经营预警监控分析工作是营运管理的重要依据和手段，是产品经营状况良好与否的重要反映，同时也是预警管理工作的前提条件，为正确分析问题和决策提供有效的科学依据。产品经营预警监控可分为公司级和区域级。公司级监控一般是监控公司级、全面性的指标，可从销售收入、总体费用控制状况、新产品占比状况、经营现金流、人力资源指标状况几个维度分别监控。

15.2.1　销售收入

销售收入是公司发展状况的直接体现，也是产品经营最重要的指标之一。公司级产品经营预警监控指标不只是销售收入一项，而是与销售收入相关的一系列指标，包括销售毛利、终端销售额、终端质量达标率、分销商库存合理性、营销策略及时有效性、库存合理性、战略客户贡献率、供货及时率、人均销售收入、人均销售毛利等指标。

例如，某公司 2022 年 1—6 月的销售收入完成率达到 100%，但按部门分类，招商部只完成目标任务的 65%，属于严重预警。应该重点分析原因，将该部门列为领导下半年重点关注的部门。而从产品线的角度分析，主要是保健品产品线只完成目标的 71%，属于严重预警产品线，应该分析原因，制定修正策略。该公司销售收入完成率预警如图 15-1 所示。

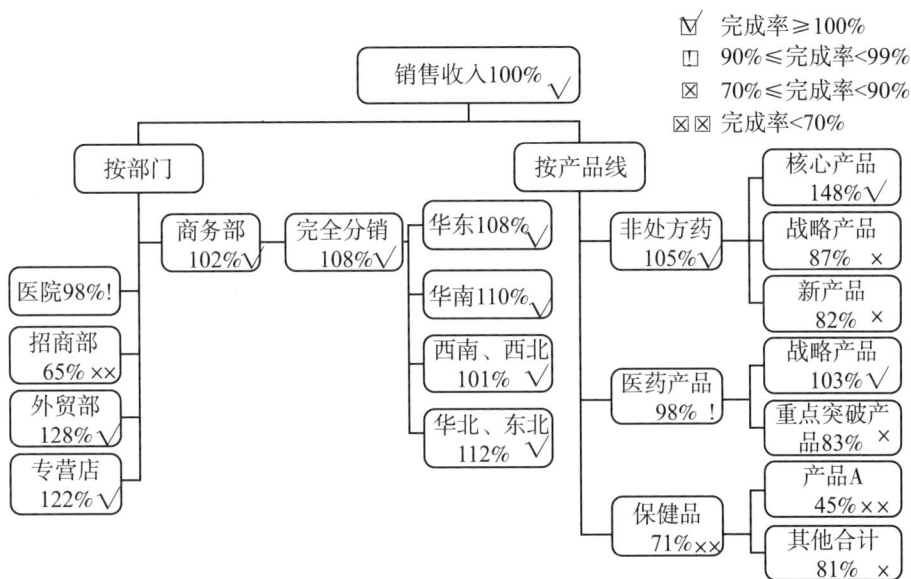

图 15-1　销售收入完成率预警

从销售毛利完成率维度作预警分析，总目标完成 98% 则基本完成目标。而监控下一级指标发现，非处方药总体超过目标，但其战略产品、新产品和其他产品都没有完成目标，属于预警内容。当然，保健品不但总体目标没完成，每个产品也都没有完成目标，属于重点分析和改进的产品线。销售毛利完成率预警如图 15-2 所示。

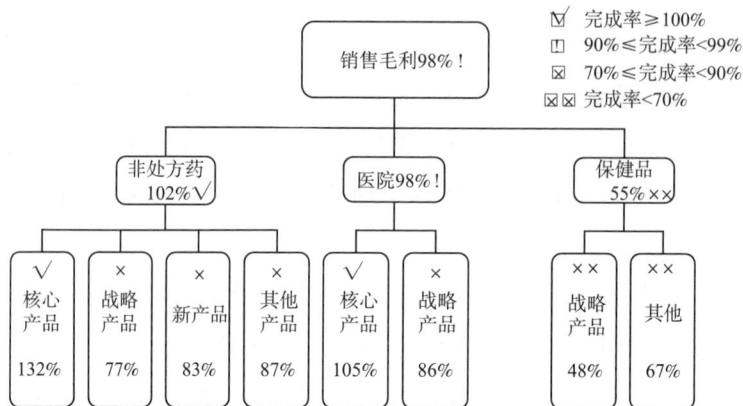

图 15-2　销售毛利完成率预警

库存消化时间对于公司现金流的周转率影响较大。分析发现主推产品 1 和主推产品 2 的经销商、分销商库存较大且消化时间较长，战略产品 1 分销商库存消化时间较长，应进行预警。库存消化时间预警如图 15-3 所示。

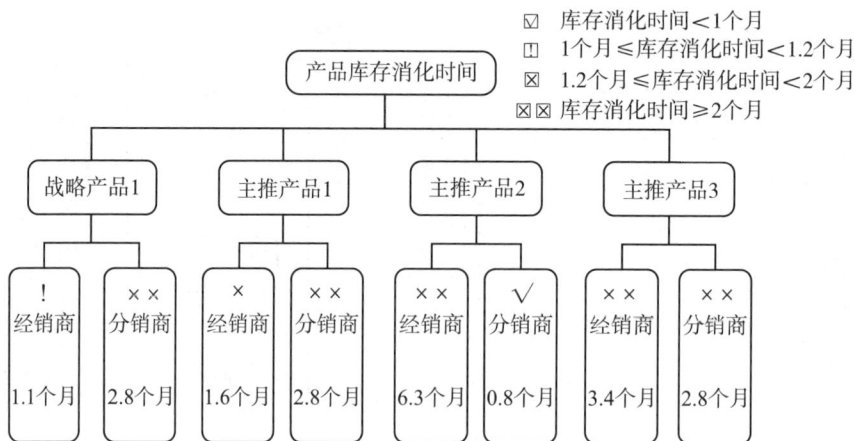

图 15-3　库存消化时间预警

针对战略产品 1 的库存情况，进一步在各个销售大区分解细化，结果发现战略产品 1 在华北销售部、华东销售部、华南销售部的分销商库存消化时间较长，均在 2 个月以上，应进行预警，并分析主要原因。战略产品 1 的库存消化时间预警如图 15-4 所示。

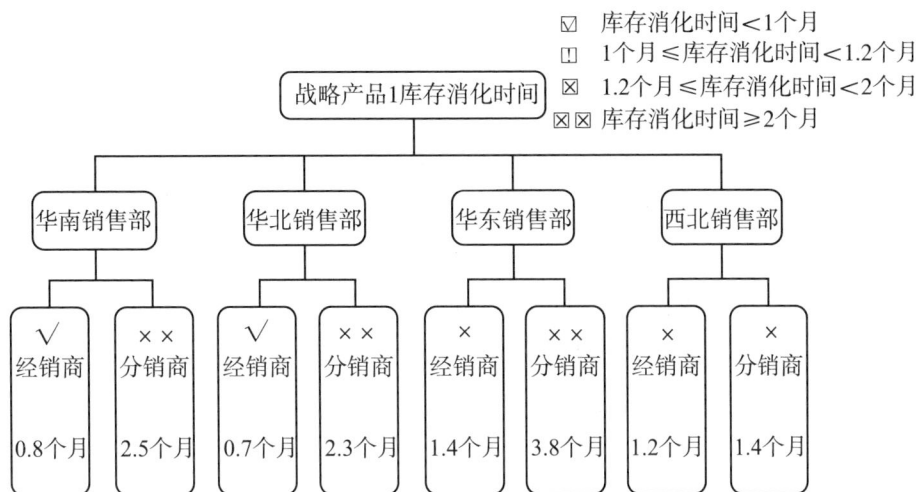

图例：
- ☑ 库存消化时间＜1个月
- ⊡ 1个月≤库存消化时间＜1.2个月
- ⊠ 1.2个月≤库存消化时间＜2个月
- ⊠⊠ 库存消化时间≥2个月

战略产品1库存消化时间
- 华南销售部
  - 经销商 ∨ 0.8个月
  - 分销商 ×× 2.5个月
- 华北销售部
  - 经销商 ∨ 0.7个月
  - 分销商 ×× 2.3个月
- 华东销售部
  - 经销商 × 1.4个月
  - 分销商 ×× 3.8个月
- 西北销售部
  - 经销商 × 1.2个月
  - 分销商 × 1.4个月

图 15-4　战略产品 1 库存消化时间预警

15.2.2　总体费用控制状况

企业经营既要开源也要节流，同时为了提升企业长久竞争力，还需要科学、合理地进行投资，也就是该花的市场推广费用等关系企业长远发展的费用必须花出去。

产品经营预警的总体费用控制状况主要是指营销中心的总体费用，包括但不限于营销中心费用、销售费用、市场费用、媒体投放费用、商务费用、经销商费用、管理支撑费用、薪酬费用等相关指标。

例如，可以从业务板块的角度分析，某公司营销费用预警情况总体达标，只有绩效推进部不达标，再进一步分析看出，销售部的保健品产品线和国际贸易不达标，业务部的商务客服部不达标。（从业务角度）营销总体费用完成率预警如图 15-5 所示。

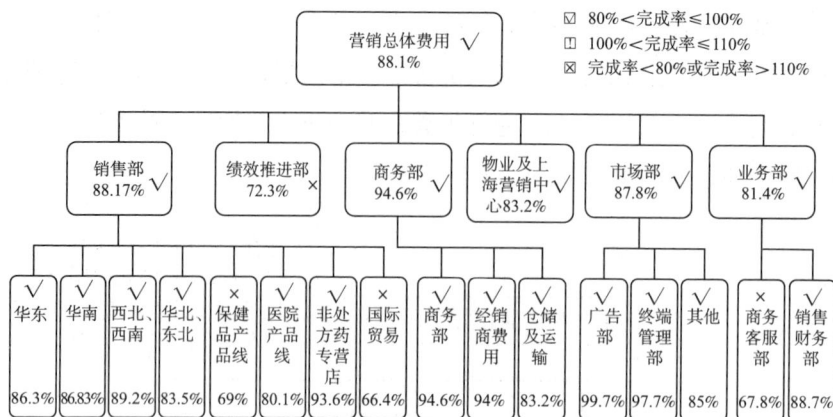

图 15-5 （从业务角度）营销总体费用完成率预警

如果按费用结构分析营销费用的达标情况，基本费用是达标的，主要是业务费用不达标，进一步分析得出是分销及终端费用只完成74%，其中终端费用只完成55.2%。营销费用完成率预警如图15-6所示。

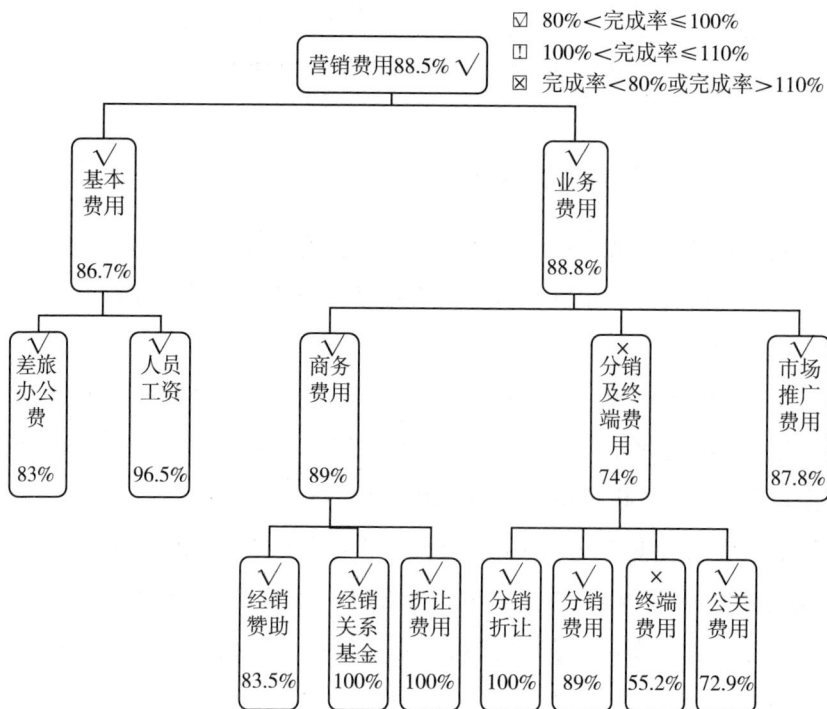

图 15-6　营销费用完成率预警

15.2.3　新产品占比状况

新产品虽然还没有得到市场的认可，需要大量投入辅助其成长，但因为新产品的发展代表企业未来发展的潜力，所以需要营销人员格外重视，加大推广力度，助其成长。因此，产品经营预警监控系统应重点关注新产品的占比及其成长情况。

新产品的预警监控内容包括但不限于新产品销售收入占比、新产品完全分销占比、重点突破产品的销售收入占比、重点突破产品的完全分销占比、新产品终端铺货率等。例如，某公司新产品销售完成率只占总销售额的 6%，而目标是 8%，只完成了 75%，属于预警内容。通过拆解分析得知，新产品的指标有两个：新产品的铺货率和新产品的销售额。从区域分解角度得出，华南和华北两个销售大区的新产品铺货率和销售额都不达标，还可以进一步从新产品种类或渠道没有达到目标的角度分析，有利于挖掘原因，制定改进对策。新产品销售完成率预警如图 15-7 所示。

☑　完成率≥100%
⊡　90%≤完成率<99%
☒　70%≤完成率<90%
☒☒　完成率<70%

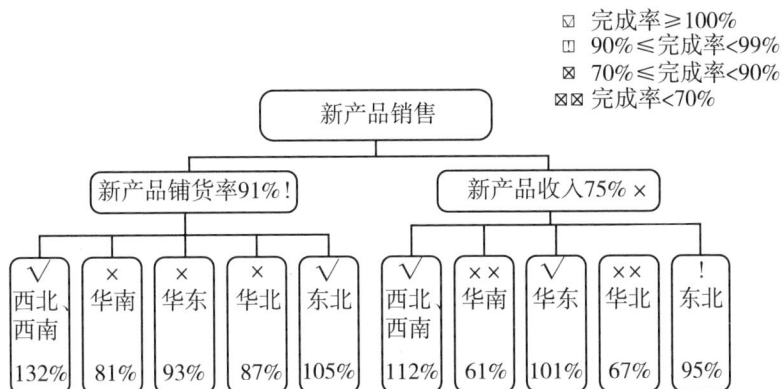

图 15-7　新产品销售完成率预警

从客户的角度分析，上半年发展新客户 142 家，主要是直供终端客户，新产品重复进货有 37 家，占新客户总数的 26%，销售额 1217 万元，占新客户收入的 46%。其他新客户 105 家，占新客户总数的 74%，销售额 1420 万元，占新客户收入的 54%。既要开拓新客户，也要重视提升客户的复购率。新客户分析预警如图 15-8 所示。

销售额/万元

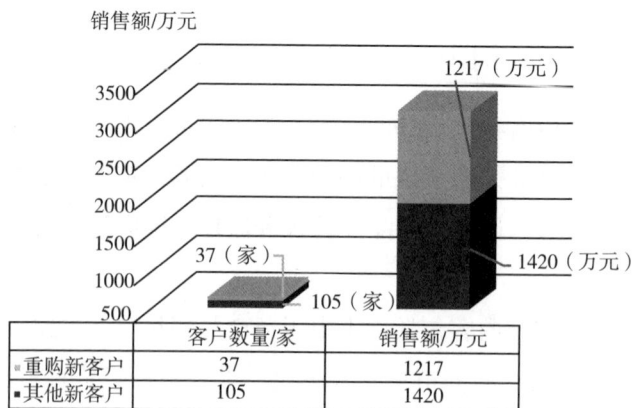

	客户数量/家	销售额/万元
重购新客户	37	1217
其他新客户	105	1420

图 15-8 新客户分析预警

15.2.4 经营现金流

现金流是企业发展的血液，是企业良好运行的保障。

经营现金流的预警监控内容包括销售部经销商欠款额、产品线逾期欠款、授信额度、经销商客户满意度、现款占回款比例等。

例如，某公司 2022 年 6 月底的回款预警分析显示，回款完成率为 95%。进一步分析得出，国际贸易部、专营店超额完成任务，商务部和医院部基本完成，主要是招商部只完成任务的 66%，属于严重预警范围，回款完成率预警如图 15-9 所示。

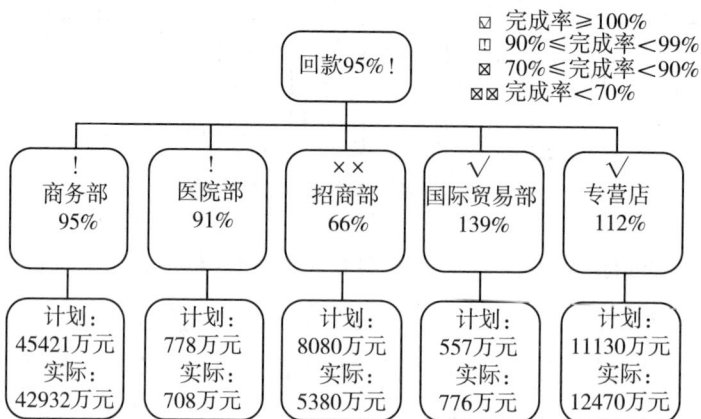

图 15-9 回款完成率预警

15.2.5 人力资源指标状况

一切营销活动都需要一支稳定的、高素质的、结构合理的营销队伍来完成，所以产品经营预警需要监控人力资源指标。

人力资源指标的预警监控内容包括销售人员配备率、人员结构合理性、任职资格提升率、培训达标率、关键员工流失率等。例如某公司的销售人员配置合计为 93%，除了华东大区，其余四个大区的人员配置处于合理范围内，华东是 87%，处于预警状态，需要对比分析原因并补足人员。该公司 2022 年 6 月销售部人员配置如表 15-1 所示。

表 15-1 2022 年 6 月销售部人员配置

销售部	定员 / 人	实际 / 人	配备率	预警状态
华南	201	183	91%	!
华东	213	186	87%	!
华北	151	138	91%	!
东北	121	113	93%	!
西南、西北	256	243	95%	!
合计	956	889	93%	!

截至 2022 年 6 月 30 日，某公司关键员工（按地区经理统计）共 186 人，离职 17 人，流失率为 9%，高于目标值 7%，数值偏高，其中东北大区核心员工流失严重预警。该公司 2022 年 6 月的离职率如表 15-2 所示。

表 15-2 2022 年 6 月离职率

销售部	核心员工人数	转岗人数	区域调整人数	流动率	离职人数	流失率	预警状态
华南	48	3	3	13%	4	8%	!
华东	41	7	3	24%	2	5%	!
华北	32	3	3	19%	2	6%	!

销售部	核心员工人数	转岗人数	区域调整人数	流动率	离职人数	流失率	预警状态
东北	18	1	2	17%	3	17%	！
西南、西北	47	2	1	6%	6	13%	！
合计	186	16	12	15%	17	9%	！

人均销售收入和人均费用是人力资源效率的重要衡量指标，某公司2022年上半年人力资源效率相关指标如表15-3所示。

表15-3　2022年上半年人力资源效率相关指标

营销指标	2022年上半年	2021年上半年	增长率	2022年上半年目标	目标完成率	预警状态
收入/万元	39834	29346	36%	38800	103%	！
人数/人	1151	951	21%	1211	95%	！
人均销售收入/万元	34.6	30.9	12%	32.0	108%	！
费用/万元	14122	9612	47%	15286	92%	！
人均费用/万元	12.3	10.1	21%	12.6	97%	！

注：（1）收入和人均销售收入大于100%为合格
（2）人数、费用和人均费用大于100%为不合格，95%和100%之间为合格，小于95%和大于100%为不合格

15.3　区域级产品经营预警监控

区域是实现产品销售的根据地，公司的销售额是由各个区域的销售额累计起来的。各个区域因为市场潜力、竞争对手、客户的习惯、产品在该区域的成熟度、品牌影响力的不同，其销售额也不同，甚至差别还很大。

除了监控公司级的产品经营情况外，还需要监控区域级产品经营情况，以保障产品在该区域更好地成长，助力企业高质量发展。

区域级产品经营预警监控指标是反映区域发展的关键指标，不同企业指标有所不同。一般可包含完全分销完成率、战略产品分销完成率、新产品分销完成率、库存消化时间、人均分销能力、人均费用、业务费用达标率、终端费用占比完成率等指标。例如某公司华南销售大区监控指标如图 15-10 所示。

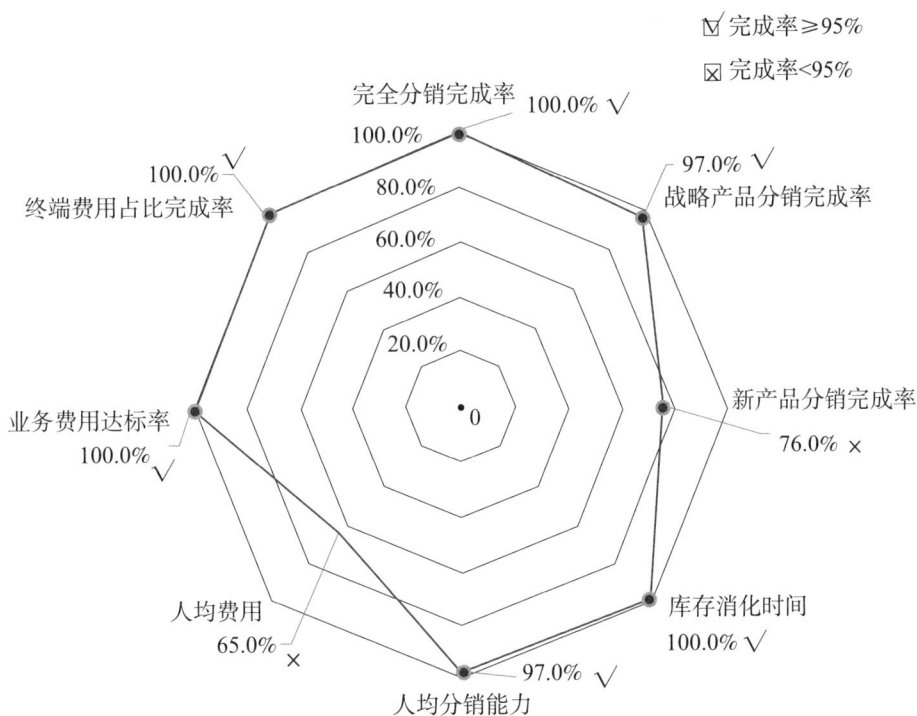

图 15-10　某公司华南销售大区监控指标

由图 15-10 可知，人均费用和新产品分销完成率不达标，属于预警指标，需要进一步分析原因并提出改进措施，加强新产品完全分销，合理优化人均费用。

另外，还可以分内部盈利、人员数量、人均完全分销、人均内部盈利等多个维度进行预警监控，如表 15-4 所示。

表 15-4 华东销售大区内部监控指标表

项目		1—6 月累计	计划完成率	排名
完全分销目标 / 万元		10816		
实际完全分销 / 万元		11898	110%	3
预算目标	业务费用率	8.67%		
	业务费用 / 万元	1036		
	基本费用 / 万元	421		
	预算费用小计 / 万元	1457		
实际	业务费用率	5.85%	68%	1
	业务费用 / 万元	698		
	基本费用 / 万元	376		
	实际费用小计 / 万元	1074	74%	1
内部盈利 / 万元		383		
人员数量 / 人		208		
人均完全分销 / 万元		57	119%	1
人均内部盈利 / 万元		1.84		
战略产品销售完成率			75%	5
新产品完全分销完成率			47%	5
终端费用占比完成率			43%	5
库存消化时间得分		11.3		3

从表 15-4 中可以看出，华东销售大区下一步的工作重点应该放在加大战略产品和新产品的销售推广力度，优化重点费用。

为了扩大各区域的竞争，可采取区域级产品经营预警大排名的方式，鼓励先进，鞭策落后。区域级产品经营状况排名评估标准如表 15-5 所示。

表 15-5　区域级产品经营状况排名评估标准

序号	指标名称	权重	计算公式	排序规则
1	完全分销完成率	30%	实际完全分销 / 预算完全分销 ×100%	按完成率从高到低
2	战略产品完全分销完成率	10%	战略产品实际完全分销 / 战略产品预算完全分销 ×100%	按完成率从高到低
3	新产品完全分销完成率	18%	新产品实际完全分销 / 新产品预算完全分销 ×100%	按完成率从高到低
4	库存消化时间得分	10%	各产品库存消化时间 1 个月为 10 分，1～2 个月为 7 分，3～5 个月为 4 分，6～8 个月为 1 分，合计得分	按得分从高到低
5	人均完全分销	10%	区域实际完全分销 / 实际上岗人员	按实际数据从高到低
6	人均费用	7%	区域销售费用总额 × 实际上岗人员	按实际数据从低到高
7	业务费用率预算完成率	8%	（实际业务费用 / 实际完全分销）/（计划业务费用 / 计划完全分销）×100%	按完成率从低到高
8	终端费用占比预算完成率	7%	（实际终端费用 / 实际销售费用总额）/（预算终端费用 / 预算销售费用总额）×100%	完成率低于 100%，按完成率从高到低；完成率高于 100%，按完成率从低到高

第 16 章
产品经营预警问题分析与纠偏方案

有效解决产品经营过程中预警发现的异常问题，是产品经营工作中的一项重要内容，它要求产品经理具备分析和解决产品运营中问题的技能。要从根本上解决问题，就必须根据预警信息对问题的原因进行深入细致的分析，找出根本原因。利用多元化的系统分析方法，找到产品经营过程中问题的根源所在，采取有力的纠正措施进行多方位预警纠偏，可以进一步提升公司产品经营水平，推动公司实现高层次、高水平、高质量发展。

16.1 预警问题分析策略

一个在网络平台上卖礼品的电商，在之前一年中每月销售额一直徘徊在50 万元左右，但上个月的销售额突然达到了 100 万元，而且是在广告花费不足 10 万元，其他营销策略没有变化的情况下。

该怎样挖掘 100 万元这个数据背后隐藏的商业逻辑呢？靠分析。

当我们面对数据的时候，不能就数据论数据，而是要用一个完整的数据分析框架去解读数据。产品经营分析有一个经典的 6 字策略——细分、对比、溯源。先从不同的维度去分解问题，根据每个维度上的数据建立参照系作对比，找到业务的薄弱环节，再分析原因，针对根源寻找改进方案。

如此，才可能找到 100 万元背后真正的商业信息，更好地制定下一步的策略。

16.1.1 产品经营预警分析策略之一：细分

细分就是指通过拆解不同维度，找到需要分析的某个指标的影响因素。

1. 什么是维度

维度用在商业数据分析的时候多指一种视角，时间、性别、地区、距离等都是数据分析时常会用到的视角。

比如我们要用时间作维度，一种方法是通过同一空间下前后时间的对比来了解事物的发展趋势，如某公司前 10 个月平均销售额是 50 万元，这个月突然达 100 万元，就可以说销售额环比增长率是 100%，这是时间上的对比，也称为纵比；另一种方法是通过同一时间下空间上的横向比较来了解现状和差距，如不同国家人口数的比较，不同省份收入、用户数的比较，不同公司、不同部门之间的比较，这些都是同级单位之间的比较，简称横比。

2. 怎样找到维度

找到细分维度的本质就是发现因变量的影响因素。比如上例中，因变量就是销售额。导致整个销售额从 50 万元到 100 万元的因素可能有很多，我们可以用 "6W2H"（Who 谁，What 什么，Which 哪个，Why 为什么，When 时间，Where 地点，How 怎么，How much 价格），也可以用营销 "4P"（Product 产品，Price 价格，Place 渠道，Promotion 促销）的框架来分析，把可能需要思考的维度都列出来，然后再根据具体情况选择适合的维度，继续进行下一步拆解和分析。

16.1.2　产品经营预警分析策略之二：对比

完成上一步的细分之后，我们就需要对同一维度的数据进行比较，以了解业务现状，找到业务的薄弱环节。对分析人员来说，薄弱环节是优化工作的切入口。

假设通过产品维度的比较发现，该公司在售的 10 个产品中，绝大部分产品的销售情况都不错，运营各个环节也都表现良好，只有一款单品卖得特别不理想，销售额排名在最后，仅占整个销售额比例的 0.3%，那么该单品就属于该公司销售的薄弱环节。

这种情况下，我们是将表现最好的产品优化升级，挑战更高的极限呢，还是先试着补足短板呢？

这里给出权衡的参考方向：

（1）重新评估该单品的战略位置，重新定位该单品；

（2）可以根据优化的投入产出比来判断；

（3）可以根据优化的难易程度和改善效果来选择；

（4）重新衡量或评估产品的增长潜力，重点考虑公司的资源投入比例情况；

（5）参考公司的经营目标和经营策略；

（6）对其他影响因素的考量，比如当前市场的政策情况、行业的发展趋势、同行竞争情况等。

假设根据以上各个因素的分析，得出本案例中销售不好的单品有很好的发展前景，应该被定为布局产品，那么就可以认为，提升该单品销售额是当务之急，接下来的工作就是需要把提高该单品的销售额作为提升总体销售额的切入口。

16.1.3　产品经营预警分析策略之三：溯源

一般情况下，碰到某款产品销量差，相关销售员的第一反应是什么呢？责怪。怪市场人员广告没投好，怪产品经理选错产品，怪售价太高了……

有效的解决方法，不是猜测，而是要用一个模型把所有可能涉及的问题都追溯一遍，找到问题的源头。

怎么溯源？鱼骨图分析法是一种很好的选择。

我们把电商投放信息流广告可能遇到的运营问题用鱼骨图来分析一下，如图 16-1 所示。

图 16-1　鱼骨图分析法示例

根据图 16-1，我们可以了解到，整个电商投放环节涉及 6 块内容，分别是最开始的选款，然后是针对性地定价，接着是投放相关的定向、创意、落地页，最后还涉及客服、物流等后端，而且这里面每一步都可以再拆分成很多小步骤。

通过鱼骨图对营销环节进行层层剖析，可以发现最可能出现问题的环节是定价环节，因为目前的定价和同行比，有点太低了。那么会不会因为价格太低导致客户认为便宜没好货，对品质没有安全感，所以不愿意买？因此，在针对预警问题采取修正措施前，关键是采用科学的问题分析方法，找出问题深层次根源。

⚙ 16.2　预警问题分析方法

产品经营预警问题的分析要遵循第一性原理，即遇到一个问题，问题背后一定有其原因，这个原因的背后还有原因，就这样一步一步向前推演，直至找到问题最本质的原因，然后从这个本质原因开始，重新向后推演，直至找到解决问题的方法。如图 16-2 所示。

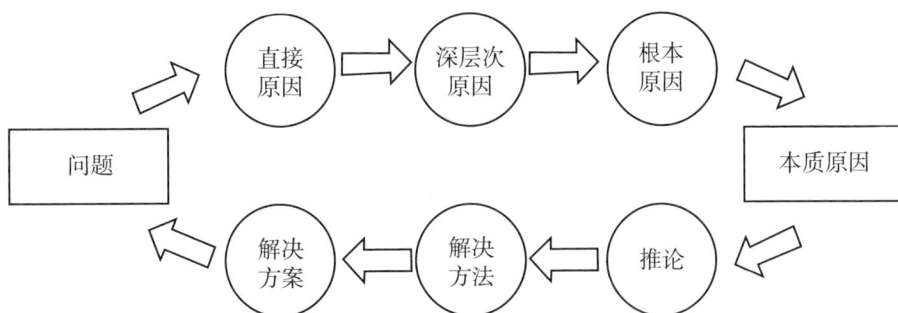

图 16-2　产品经营预警思维导图

产品经营预警过程中会有产品销量不达标的情况，也有人均成本或费用超标的问题。这些问题可能要用多种方法才能挖掘出根本原因，包括结构分析法、指标拆解法、漏斗分析法、追本溯源分析法、矩阵分析法、相关分析法、因子分析法。

16.2.1 结构分析法

结构分析法是指利用结构化思维对目标进行全面的拆解分析。当得知公司的产品销量下降的时候，不应该发散性地根据以往经验列出一堆产品销量下降的原因（比如竞品升级、促销活动力度降低等），而是应该静下来思考可以从哪些维度拆解产品的销量构成，然后进一步拆解能够对销量产生影响的因素，挖掘问题根源。

产品经营预警监控的指标包括季度、月度或周的总体指标。总体指标主要由以下两部分组成。

（1）公司的总销售额，一般由各个分公司的销售额或各区域的销售额构成。

（2）产品的总销售额，一般由各个产品线的销售额构成。

因此，看到一个总体指标异常以后，可以根据它的组成部分，对总体作拆解，了解各部分的情况。

监控整体目标完成情况，根据实际完成情况与预期目标的比较，找到有问题的地方，如图16-3所示。从图中可以看出，4月、5月、7月和8月没有达到预期目标，应该进一步分析这几个月没有达标的原因。

销售额/万元

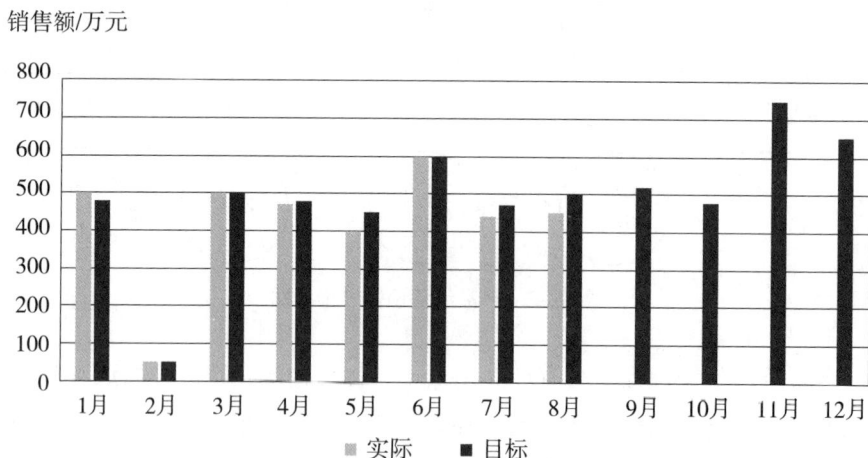

图 16-3　实际完成情况与预期目标的比较

结构分析法在很多时候都适用，通过结构分析法，能很快找到责任人。某实体店和电商平台的结构比例变化情况如图 16-4 所示，从图中可以很容易看出实体店呈现缩减的趋势，而电商平台呈现扩增的趋势。结构关系图能直接解释很多总体指标波动的问题。

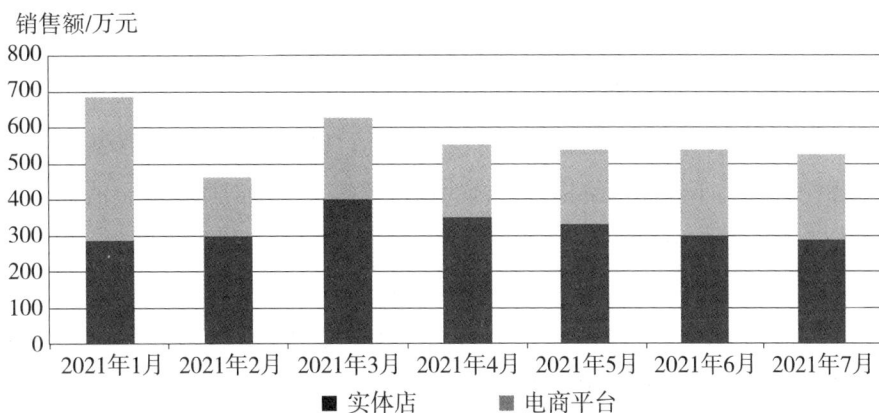

图 16-4　某实体店和电商平台的结构比例变化

某公司有线上、线下两大销售渠道，整体销售业绩如表 16-1 所示。在业绩不达标的时候，应该先看线上、线下哪个是不达标的主要原因。如果发现线下是主要原因，就再看线下的结构，线下一共有 5 个大区，进一步分析可知华东和华南两个大区没有完成目标。

表 16-1　结构化分析销售完成情况　　　　　单位：百万元

	目标	实际	差额
整体	600	525	−75
线上	100	90	−10
线下	500	435	−65
华东	200	120	−80
华南	100	95	−5
华中	100	105	5
华北	50	60	10

	目标	实际	差额
东北	50	55	5

16.2.2 指标拆解法

指标拆解法，一般在经营分析中经常使用，就是把产品销量的衡量指标进一步拆解，找出产品销量变化的深层次指标，也可以叫业务分解法。

举个例子，小商品网络销售平台的销售业绩是由注册用户数、消费比例、客单价 3 个因素决定的。

$$销售业绩 = 注册用户数 \times 消费比例 \times 客单价 \qquad （16-1）$$

小商品网络销售平台 A 和 B 10 月的销售业绩都是 22.5 万元，9 月的销售业绩都是 30 万元。10 月的销售业绩相较 9 月都是少了 7.5 万元，但是平台 A 和 B 是不是应该采取同样的修正策略呢？进行指标拆解以后，就能挖掘出深层次的原因，如表 16-2 所示。

表 16-2　指标拆解分解表

项目	销售业绩 / 元	会员数 / 人	消费比例 /%	客单价 / 元
9 月平台 A	300000	10000	25	120
9 月平台 B	300000	10000	25	120
10 月平台 A	225000	12500	15	120
10 月平台 B	225000	10000	25	90

平台 A 的问题出现在会员的消费比例上，由 9 月的 25% 降低到 10 月的 15%，采取的纠偏措施可以是发优惠券，吸引用户到店消费；而平台 B 的问题是出现在客单价上，采取的纠偏措施可以是推出满减活动，提升客单价。

16.2.3 漏斗分析法

随着数字化信息技术在营销领域的广泛应用，漏斗分析法的使用率越来越高，目前在一些互联网产品中使用较多，因为互联网产品能够较完整地记录用户的交易数据，能够更好地呈现整个用户转化流程，从而容易使用漏斗分析法挖掘产品经营中的问题。

举个例子，你在网上看到一个产品广告，很感兴趣，点击进入购买流程。这个购买行为需要经历打开首页→打开广告页→打开详情页→打开购物车页→打开支付页→支付完成等产品购买步骤，每经历一个步骤，就会有一些用户流失，如同漏斗一样。

此时可以用一个转化漏斗，形象地展示这种产品购买过程，如图 16-5 所示。每一环节的转化率都是下一环节人数除以上一环节的人数，例如打开首页→打开广告页的转化率，即打开广告页人数除以打开首页人数；同理，可以算出本次产品购买的整体转化率，即最后一个环节人数除以第一个环节人数。

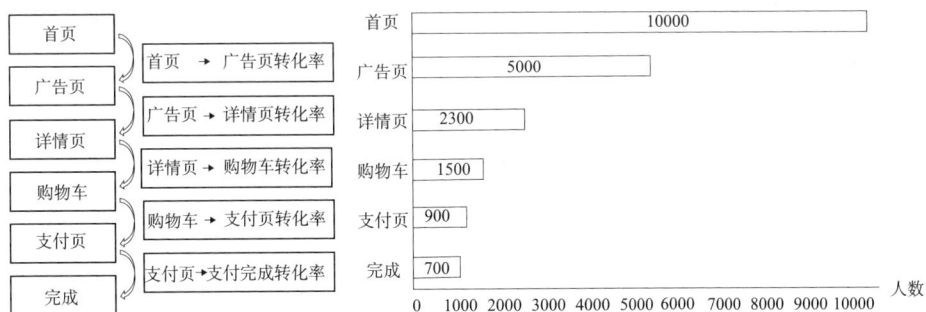

图 16-5　转化漏斗

梳理清楚了转化漏斗流程以后，考虑以下问题，进一步基于漏斗找出问题的根源，从而有针对性地改善。

（1）哪个环节的转化率比较低，需要改善？

（2）不同的产品，漏斗形态如何，哪个环节更适合推广？

（3）新的产品改版后，是否减少了各漏掉环节的用户数量？

16.2.4　追本溯源分析法

追本溯源分析法是挖掘问题根源的常用分析方法：通过连续追问"为什

么"来寻找问题的真正原因和解决方法。

我们可以通过连续提问来探究一下为什么一款手表销量低。

问：为什么手表价格很低但还是销量比较少呢？

答：消费者可能担心是假货。

问：为什么会担心是假货？

答：消费者一般认为比同行价格低的可能就是假货。

问：为什么价格低就是假货？

答：价格是价值的体现，价格高的一般质量好，便宜没好货。

问：为什么用户会认为价格高的质量好，便宜没好货？

答：人们对一个既复杂模糊又不确定的产品进行价值判断时，如果没有行之有效的方法，往往会靠一些思维的简单化处理捷径来作决策。比如以前买过很便宜的产品，结果质量很差，他就会认为便宜没好货。之后再遇到判断产品质量与价格的关系时，如果欠缺决策依据，用户可能会根据过去的经验得出结论，即便宜没好货。

问：为什么人们会靠一些思维的简单化处理捷径来作决策？

答：诺贝尔经济学奖获得者丹尼尔·卡尼曼在《思考，快与慢》中提到，大脑中有两套系统，系统一的运行是无意识且快速的，不怎么费脑力；系统二是将注意力转移到需要费脑力的大脑活动上来，例如复杂的运算。

当你觉得找到问题的根源和解决方法了，就可以停止。所以，追溯的答案就是厂家原以为的"便宜"这个卖点，并没有被用户真正认可，便宜本身还未能触发理性的系统二，也就是说，用户无法靠理性的系统二来分析出你的价格其实超划算，给出应该要买的指令；相反，无意识且快速的系统一直接给出了"便宜没好货"的信号，阻碍了用户的购买行动，最终导致了该产品的销售业绩不好。

解决方案应该是不要对抗大脑的决策机制，也不要试图绕过那个无意识且快速的系统一，既然人们觉得便宜没好货，那就不要定低价。接下来就可以优化定价策略，优化完后再重新上线测试销售的情况是不是符合预期，然后再做进一步的优化改进，如此循环往复，持续改进。

16.2.5　矩阵分析法

当产品预警问题的指标从 1 个增加到 2 个的时候，矩阵分析法是一种比较好的选择。矩阵分析法就是通过两个指标的交叉，构建成一个分析矩阵，利用平均值切出四个部分，从而挖掘问题的根源。例如销售能力矩阵就是由销售额和客户数量组成的，第一部分是均衡型，第二部分是"吃大户"型，第三部分是待改进型，第四部分是"摆小摊"型，往往第二部分和第四部分是需要改进或重点关注的，如图 16-6 所示。

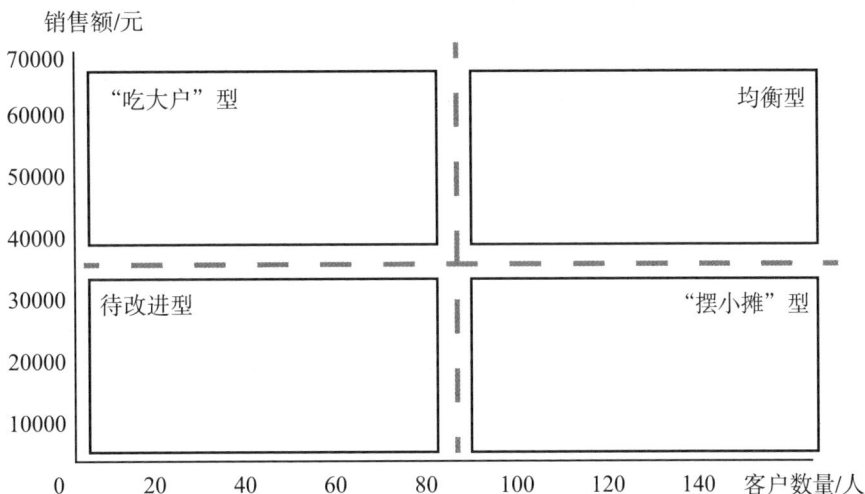

图 16-6　销售能力矩阵示例

矩阵分析法的最大优势在于直观易懂，可以很容易地从两个指标的交叉对比中发现问题。

要实现产品销量增长的目标有很多种方式，到底通过哪种方式达成目标是需要提前思考清楚的。例如，对于用户基数大且档次低的市场，应该侧重促销，加大销售力度；对于用户基数小、档次高的市场，不应一味追求销量，而应注重品牌效应，采取高价策略，如图 16-7 所示。

用户基数

图 16-7　产品销量增长模式选择矩阵示例

当分析指标由两个指标变为多个指标的时候，就不适合采用矩阵分析法了。

16.2.6　相关分析法

1. 明确指标之间的关系

某些指标既不是直接的并行关系，也不是直接的串行关系，但是在产品经营预警分析工作中，需要知道它们之间是否存在关系，比如：

（1）广告投入与销售业绩；

（2）下雨刮风和门店人流；

（3）用户点击和消费行为。

2. 指标的相关关系分析

指标常见的相关关系有 3 种：

（1）在结构分析法中，整体指标与部分指标之间的关系；

（2）在指标拆解法中，主指标与子指标之间的关系；

（3）在漏斗分析法中，前后步骤指标之间的逻辑关系。

这 3 种都是直接相关关系。直接相关关系的确定不需要大量的数据计算，通过指标梳理就能看清楚。可以利用散点图或者相关系数，找到它们之间潜在的相关关系，例如广告投入与销售额之间的正相关关系，如图 16-8 所示。

时间	广告投入/万元	销售额/万元
2020年第一季度	12.7	127
2020年第二季度	4.8	7.5
2020年第三季度	21.3	312
2020年第四季度	58.0	986
2021年第一季度	35.6	557
2021年第二季度	6.6	95
2021年第三季度	17.8	128
2021年第四季度	45.2	687
2022年第一季度	52.0	821
2022年第二季度	29.0	352

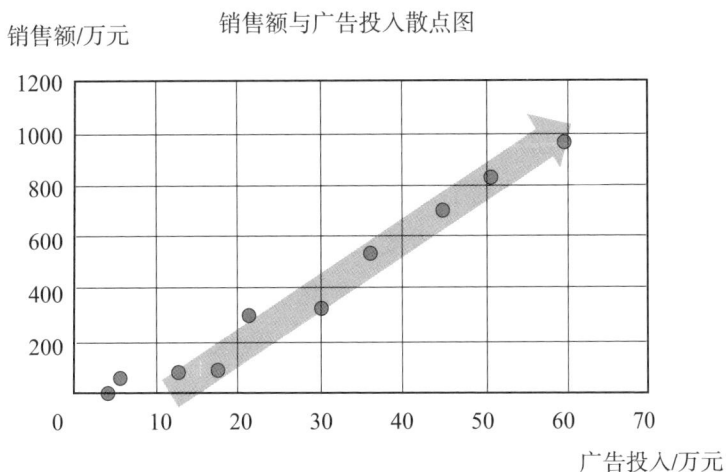

销售额/万元　　　　　销售额与广告投入散点图

广告投入/万元

图 16-8　广告投入与销售额之间的正相关关系

16.2.7　因子分析法

因子分析法由一位英国的心理学家提出，他发现学生的英语、法语和古典语成绩有明显相关性，他认为这三门课程背后有一个共同的驱动因子，最后将这个因子定义为语言能力。基于这个想法，研究发现很多相关性很高的因素背后有共同的驱动因子，从而出现了因子分析法。

因子分析法就是将存在某些相关性的变量提炼为较少的几个因子，用这几个因子去表示原本的变量，也可以根据因子对变量进行分类。因子分析法在经济学、心理学、语言学和社会学等领域经常被用到。

例如，某学生有语文、英语、历史、数学、物理、化学六门功课的成绩，通过因子分析法会发现这六门功课的成绩由两个公共因子驱动，前三门是由"文科"因子驱动，后三门是由"理科"因子驱动，从而可以计算该学生的文科得分和理科得分，评估他在两个方面的表现。

因子分析法能够解决什么问题呢？

（1）在多变量场景下挖掘背后的影响因素。

如在企业品牌调研中，消费者会调查很多问题来评估企业品牌。通过因子分析法可以挖掘出背后少量的潜在影响因素，比如服务质量、产品质量等。

（2）用于数学建模前的降维。

因子分析法的优点是，以因子作为新的解释变量去建模能有更好的解释性。因此对于有些需要业务解释的数据建模，可以在建模前通过因子分析法提取关键因子，再以因子得分作为解释变量，通过回归或者决策树等分类模型去建模。

下面通过一个案例阐述因子分析法在产品经营预警中的应用。

某公司某产品的销售渠道有专卖店、商超和电商3种，不同渠道影响用户购买决策的因素不同。为了提高产品销售业绩，不同的销售渠道应该采取哪些营销活动呢？或者是不同的销售渠道分别应该突出哪些因素呢？可以使用因子分析法挖掘出专卖店、商超和电商这3种不同销售渠道影响客户购买决策的因子，采取个性化宣传投入策略。

采用因子分析法的流程如下。

第一步，设计、发放并收集调查问卷。

第二步，调查问卷分析。

第三步，模型选择与检验。

第四步，因子提取。

第五步，因子旋转。

第六步，因子得分与结论。

🔅 16.3　预警问题应对方案

造成公司销售业绩差的因素是很多的，有品牌因素、产品因素、营销政策因素、市场环境因素、竞争强度因素、营销激励因素、营销人员的管理因素和营销人员的素质因素等。但是产品经营预警的问题，往往是个性化的，大多是局部问题。只有公司的各项预警指标都没有达到目标，才可能是公司的产品出了问题。因此，我们需要对预警问题采取针对性的应对方案。

16.3.1　应对产品销售目标不达标的措施

应对产品销售目标不达标的措施如下。

（1）提高对销售人员的激励水平，尤其是在市场下行导致销量疲弱的情况下。

（2）提高品牌传播渗透率和覆盖率。

（3）对老客户设计增量目标和协同支持策略；对新客户设计渠道动力系统，协助尽快完善渠道，以利于形成销售的正常循环。

（4）适度增加销售人员数量，加强市场推广力度。

（5）提高销售人员作业的有效性，提高销售管理水平。

（6）提高市场响应速度，提高对销售工作的配合能力。

总之，企业的销售业绩差，根源并不一定在销售部门。企业唯有找到影响销售业绩实现的关键因素，深入分析存在的问题，及时采取措施，才能令销售业绩回到应有的水平。

16.3.2　典型问题及其纠偏策略

使用科学的方法，挖掘出产品销售业绩不佳的深层次原因就算是解决了一半的问题。

1. 区域总监胜任能力不足的问题及策略

我们常说："火车跑得快，全靠车头带。"某个区域的产品销售业绩不好，往往是区域总监能力不足造成的。可以在第一个月警告，审核区域总监的业绩提升改进措施是否得当，如果得当，再观察一个月，如果第二个月还是没有达到目标，很可能是其能力不足，可根据企业情况采取以下3种方法。

（1）配备助手。根据区域总监的胜任力缺项，配备一个相应能力高的助手协助其工作3～6个月，区域总监限期提升相应能力。

（2）拆分区域。该区域总监的领导能力不足以负责相关区域，若暂时还没有合适的人选接替，则可以把该区域划为2～3个销售区域，委派2～3个区域总监分别负责。这几个区域总监之间为竞争关系，过一段时间（如1年）评价考核，谁有能力负责该大区则再合并。这样既锻炼了销售总监，又提升了产品的销售业绩。

（3）果断替换区域总监。

2. 销售目标不合理的问题及策略

销售业绩不理想，有可能是当初销售规律归纳得不成熟或不全面，或对产品所处的市场规律和产品的优劣势总结分析得不到位，造成当初的产品销售目标定得不合理。企业可采取如下措施。

（1）根据销售绩效考核的相关规定，对该区域的总监或产品经理采取一定的惩罚措施。

（2）重新挖掘该区域、渠道或产品的销售周期规律，并预测该区域或渠道的产品销售目标，重新制定相匹配的奖惩措施。

对于远超出目标的销售区域、渠道或产品，应鼓励销售人员付出更大努力多产出，以激励为主。建议当年不调整目标，多劳多得。第二年再重新评估并修正销售目标，设计新轨道。

总之，根据产品销售偏差产生的深层次原因，才可能制定出科学、合理的产品纠偏方案。